AF726849

Kirsten Schnepp-Pesch / Mira Fischer

Materialien und Kopiervorlagen
zur Klassenlektüre

Jan-Christof Scheibe

Jedermännchen
Besuch aus dem Jenseits

Hase und Igel®

Inhalt

MIX Papier FSC® C130643
klimaneutral gedruckt www.klima-druck.de ID-Nr. 22125753

Bildnachweis
© iStockphoto – Morsa Images: S. 40 (o. l.); skynesher: S. 40 (o. r.); nirat: S. 40 (u. l.); ferrantraite: S. 40 (u. r.)

www.hase-und-igel.de
Lektorat: Mira Fischer
Illustrationen: Juliane Schlumberger
Satz: Sieveking Agentur, München
Druck: Joh. Walch GmbH & Co. KG, Augsburg

ISBN 978-3-86316-281-8

„Jedermännchen“ – Das Buch im Unterricht

Das Buch

„Hallo, mein Name ist Lucy und ich bin die Tod.“ – So stellt sich das Mädchen vor, das eines Tages an der Haustür des zwölfjährigen Paul Jedermann klingelt. Diese Begegnung weckt Assoziationen an das Theaterstück „Jedermann“ von Hugo von Hofmannsthal, in dem der Protagonist ebenfalls Besuch vom Tod bekommt. Das Grundmotiv der berühmten Vorlage greift der Autor Jan-Christof Scheibe, der auch als Comedian und Musiker bekannt ist, mit seinem Roman „Jedermännchen – Besuch aus dem Jenseits“ in unterhaltsamer und altersgerechter Weise auf. Bei ihm erscheint der Tod in Gestalt der quirligen Lucy, die Paul in die Geheimnisse des Jenseits einweiht, während sie umgekehrt von ihm einiges über das menschliche Leben auf der Erde erfährt. Anders als bei Hofmannsthal muss in dieser Geschichte niemand sterben.

Die Handlung beginnt mit einem Vorspiel im Jenseits. Lucy stellt beunruhigt fest, dass auf dem *Großen Atlas vom Leben und Vergehen* ein rotes Lämpchen im Falkenweg aufleuchtet. Das bedeutet: Dort soll ein Mensch sterben. Lucy hat nun den Auftrag, den Todgeweihten ins Jenseits zu begleiten.

Im 1. Kapitel machen die Leser Bekanntschaft mit dem zwölfjährigen Paul Jedermann, der mit seiner Familie im Falkenweg 9 lebt. An diesem Freitag hat ihnen der profitgierige Vermieter Herr Ledermann von gegenüber gekündigt. Kein Wunder, dass Paul nicht besonders gut auf ihn zu sprechen ist. Hinzu kommt, dass der Nachbar lautstark an seinem Quad herumbastelt, während Paul versucht, sich auf seine Hausaufgaben zu konzentrieren. Da klingelt plötzlich Lucy an der Tür. Sie stellt sich als „die Tod“ vor und will einen Passagier ins Jenseits mitnehmen. Die Frage ist nur, wen. Denn Lucys Notizzettel ist nass geworden, sodass sie den Namen des Abzuholenden angeblich nicht mehr eindeutig erkennen kann.

Paul lässt die seltsame Besucherin etwas widerwillig ins Haus und unterhält sich mit ihr. Dabei streifen sie Themen wie Gott und Jenseits, die Vorstellungen von Hölle, Sünden und Paradies sowie den Umgang mit dem Tod in anderen Kulturkreisen. Im Laufe des Gesprächs kristallisiert sich heraus, dass mit dem abzuholenden Passagier höchstwahrscheinlich Paul gemeint ist. Doch Lucy verfolgt ihren eigenen Plan: Sie möchte den Tod ihres Schützlings unbedingt verhindern. So nutzt sie die Ähnlichkeiten der Nachnamen Jedermann und Ledermann, um ihrem Vorgesetzten Cerberus eine Verwechslung vorzuspielen. Cerberus schenkt Lucys Geschichte zwar keinen Glauben, kann sie aber auch nicht widerlegen. Zu seinem Ärger wechselt dann noch Pauls Lämpchen auf dem *Großen Atlas* die Farbe: aus Rot wird Blau. Jetzt heißt es abwarten, bis endgültig über das Schicksal des *Jedermännchen* – wie Cerberus Paul verächtlich nennt – entschieden werden kann.

In der Zwischenzeit, dem Verlauf eines Wochenendes, erleben Lucy und Paul gemeinsam ein paar Abenteuer: Mithilfe von Pauls „Astralkörper“ reisen sie zu einer buddhistischen Beerdigung in Thailand. Lucy rettet Paul in der Segelstunde vor dem Ertrinken und schaut sich ein Spiel seiner Fußballmannschaft an. Nebenbei ermutigt sie Paul, den Konflikt mit seinem besten Freund Jonas zu lösen. Paul gewinnt durch Lucy nicht nur einen neuen Blick aufs Leben, sondern auch auf Herrn Ledermann. Der durchläuft, nachdem er ebenfalls Besuch von der Tod bekommen hat, eine große Veränderung und nimmt die Wohnungskündigung zur Freude von Familie Jedermann zurück. Am Ende gelingt es Paul und Lucy gemeinsam, Cerberus auszutricksen und Paul vor der vorzeitigen Abholung ins Jenseits zu bewahren. Und es stellt sich heraus, dass Lucy den Jungen schon seit seiner Geburt als „Schutzengel“ begleitet.

Die spannende und humorvolle Geschichte motiviert Schüler ab der 5. Klasse zum Lesen. Sie bietet Jungen wie Mädchen die Möglichkeit, sich mit Paul zu identifizieren, einem ganz normalen Zwölfjährigen mit Hobbys, Träumen und Problemen, wie sie viele Kinder in diesem Alter erleben. Die Figur Lucy, die Tod, ist eher lustig als bedrohlich gezeichnet. Der falsche Artikel verstärkt den Witz und schafft Distanz. Die anschauliche Beschreibung der jenseitigen Welt regt, unterstützt durch die fantasievollen Illustrationen von Juliane Schlumberger, die Vorstellungskraft der jungen Leser an. Darüber hinaus motiviert der Roman dazu, sich mit Fragen zum Tod auseinanderzusetzen: Wie gehe ich mit dem Verlust eines geliebten Menschen um? Was passiert nach dem Tod? Welche Vorstellungen und Rituale rund ums Sterben gibt es in den verschiedenen Religionen und Kulturen? So hilft die Lektüre dabei, Berührungsängste mit dem Thema abzubauen, und bietet reichlich Stoff für ungezwungene Unterrichtsgespräche.

Nicht zuletzt ermöglicht der Roman den Kindern, mit dem „Jedermann“ von Hofmannsthal ein Werk der Weltliteratur kennenzulernen und im besten Fall ein weitergehendes Interesse an klassischer Literatur zu entwickeln.

Das Material

Das vorliegende Material ist für eine fünfzehn- bis zwanzigstündige Unterrichtssequenz konzipiert. Dabei sind die Kopiervorlagen und weiterführenden Vorschläge als Auswahl zu verstehen, die Sie an eigene Schwerpunkte und Ihre individuelle Klassensituation anpassen können.

Das Material orientiert sich am chronologischen Handlungsverlauf und ist in sechs Sinnabschnitte unterteilt – fünf zum Inhalt und einen zur Nachbereitung der Lektüre. Jeder Abschnitt beginnt mit einem Lehrerteil. Dieser umfasst zunächst eine kurze Zusammenfassung der einzelnen Kapitel. Darauf folgen didaktische Hinweise und Lösungen zu den Kopiervorlagen, Gesprächs- und Schreibanlässe sowie Ideen für eine kreative Auseinandersetzung mit den Themen des Buches. Unmittelbar im Unterricht einsetzbare Kopiervorlagen runden jeden der sechs Abschnitte ab.

Ein Schwerpunkt des Materials liegt neben Aufgaben zum Textverständnis sowie zur Handlungs- und Figurenanalyse auf der Beschäftigung mit dem Thema „Tod". Diese findet auf vielfältige Weise statt: Zunächst bieten die Personifikation des Todes und die literarische Darstellung einer jenseitigen Welt Anknüpfungspunkte für die Schüler, sich über ihre persönlichen Vorstellungen von Tod und Jenseits auszutauschen. Außerdem gibt das Material Einblicke in andere Religionen und Kulturen und deren Vorstellungen und Rituale. Auf sprachlicher Ebene werden metaphorische Ausdrücke und Redewendungen rund um den Tod aufgegriffen. Doch die Auseinandersetzung mit dem Jenseitigen schärft auch den Blick für das, was das Menschsein auf der Erde ausmacht: Wodurch wird das Leben wertvoll? Was bedeutet Freundschaft? Unter welchen Umständen sind Mogeleien und Notlügen erlaubt?

Neben der Beschäftigung mit philosophischen und ethischen Fragestellungen bietet das Material Informationen zur mythologischen Vorlage für Lucys Vorgesetzten Cerberus, zum Theaterstück „Jedermann" und zur Idee hinter dem Roman: In einem Brief wendet sich der Autor Jan-Christof Scheibe persönlich an seine Leser.

Signets am oberen Seitenrand verdeutlichen den thematischen Schwerpunkt jeder Kopiervorlage:

Zur Lektüre

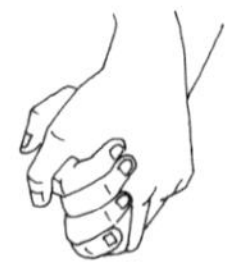
Beziehungsstrukturen

Tod und Jenseits

Rund ums Menschsein

Hintergrundinfos

Viel Inspiration und gewinnbringende Erkenntnisse bei der Beschäftigung mit dem unterhaltsamen und tiefgründigen Roman wünschen Ihnen und Ihrer Klasse

Kirsten Schnepp-Pesch und Mira Fischer

Vorspiel bis 2. Kapitel: Die Tod taucht auf

Inhalt

Vorspiel in der anderen Welt
Im Jenseits informiert der *Große Atlas vom Leben und Vergehen* – ein schwebender Globus – täglich darüber, wo ein Mensch geboren bzw. sterben wird. Beunruhigt stellt Lucy fest, dass im Falkenweg ein rotes Lämpchen leuchtet, also ein Mensch sterben soll. Damit ist klar: Sie hat einen Auftrag. Doch Lucy hält das rote Lämpchen für einen Irrtum und fragt sich, was sie jetzt tun soll.

1. Merkwürdiger Besuch
An einem Freitagnachmittag sitzt Paul Jedermann in seinem Zimmer und versucht, sich auf seine Hausaufgaben zu konzentrieren. Er ist allein im Haus der Familie, die in finanziellen Nöten steckt. Sein Vater ist als Kunstmaler gezwungen, Aushilfsjobs anzunehmen, und die Mutter jobbt am Wochenende in der Eisdiele ihrer Schwester. Pauls Schwester Laurentia, die ein Grufti ist, verbringt Zeit mit ihrer Clique.

Paul ist aus zwei Gründen abgelenkt: Erstens bastelt Herr Ledermann von gegenüber lautstark an seinem Quad herum. Der Nachbar ist zugleich der Vermieter der Jedermanns und hat ihnen an diesem Tag gekündigt, um mit dem Grundstück einen höheren Profit erzielen zu können. Zweitens schleicht vor dem Haus eine Gestalt in dunkler Kleidung herum. Paul erkennt, dass es ein Mädchen mit blonden Locken und schwarz geschminkten Augen ist. Er beobachtet, wie die Gestalt erst auf sein Haus zuläuft und dann auf dem Grundstück nebenan durch den Rasensprenger rennt.

Kurz darauf klingelt die Unbekannte an der Tür. Als Paul öffnet, blickt sie auf den Zettel in ihrer Hand und fragt, ob sie wegen der Abholung hier richtig sei. Aufgrund eines Sturzregens sei die Tinte verschmiert. Sie stellt sich Paul als Lucy, „die Tod“ vor.

2. Die Tod mag Müsli
Obwohl Lucy auf Paul äußerst merkwürdig wirkt, lässt er sie herein. Die Besucherin schaut sich interessiert um und bittet Paul, sein Müsli probieren zu dürfen. Während sie isst, unterhalten sich die beiden darüber, welche Vorstellungen Paul vom Tod hat und wie wenig Lucy diesen entspricht. Lucy denkt an ihren einschüchternden Vorgesetzten Cerberus, der seit einiger Zeit nur noch als Ausbilder für jüngere Wesenheiten wie sie selbst tätig ist. Sie erklärt Paul, dass jeder Sterbende von einem Kind abgeholt wird. Ihrer Ansicht nach handelt es sich bei den Vorstellungen, die sich die Menschen vom Jenseits machen, allein um Vermutungen und Gerüchte. Als Paul nachfragt, warum sie hier sei, wiederholt Lucy noch einmal, es gehe um eine Abholung. Sie könne den Vornamen auf dem Zettel zwar nicht lesen, aber vermutlich beginne er mit einem *R*. Paul ist besorgt, sein Hund Rufus oder eines seiner Familienmitglieder könnte gemeint sein. Dies verneint Lucy. Allerdings lässt sie die Möglichkeit zu, dass sein eigener Name auf dem Zettel steht. Da ist Paul überzeugt: Seine unbestimmte Angst vor einem baldigen Tod, die er seit der Beerdigung seines Großvaters hat, ist wahr geworden.

Unterrichtsschwerpunkte

- der *Große Atlas vom Leben und Vergehen*
- sich in die Figuren (Lucy und Paul) hineinversetzen
- die Handlung antizipieren
- Paul und sein Umfeld kennenlernen
- Darstellungen vom Tod
- Mindmap: Was das Leben wertvoll macht
- Brief vom Autor

Zu den Kopiervorlagen

KV Seite 8

Der Große Atlas
Diese Kopiervorlage stellt den *Großen Atlas vom Leben und Vergehen* vor. Die Schüler beschäftigen sich mit dessen visueller Gestalt und gleichzeitig mit der Idee, die dem Beginn der Handlung zugrunde liegt: Es existiert ein Jenseits, in dem eine Art Globus Auskunft über das Leben und Sterben der Menschen gibt.

Lösung
Aufgabe 1:
klein, orange, rund, hell, durchsichtig, beweglich

Aufgabe 2:
Die Kugel sieht ein bisschen aus wie eine runde Miniqualle oder eine durchsichtige Mandarine.

Aufgabe 3:
Zuerst zeigt sich, dass es sich um ein Abbild der Erde handelt. Man kann Meere und Kontinente unterscheiden. Wenn man den Globus noch größer macht, wird klar, dass sich sein orangefarbenes Flimmern aus unzählig vielen gelben und roten Leuchtpunkten zusammensetzt.

Aufgabe 4:
Die Kugel trägt den Namen *Großer Atlas vom Leben und Vergehen,* weil die gelben Lämpchen Auskunft darüber geben, wo auf der Erde ein Mensch geboren wird, während die roten Lämpchen zeigen, wo ein Mensch sterben wird.

KV Seite 9

Was soll ich tun?

Auf diesem Arbeitsblatt versuchen die Schüler, sich die zweite Passage des „Vorspiels“, die viele Fragen aufwirft, zu erschließen: Sie stellen Vermutungen über Lucy an und versetzen sich in die Figur hinein. Falls den Kindern nichts zu Lucys Auftrag einfällt, können Sie als Hilfestellung auf den Klappentext verweisen. Dort steht, dass Lucy einen Passagier ins Jenseits mitnehmen soll.

Lösung

Aufgabe 1:

z. B. a) Lucy ist eine Bewohnerin des Jenseits, die den *Großen Atlas vom Leben und Vergehen* betrachtet.

b) Sie entdeckt ein rotes Lämpchen im Falkenweg, was bedeutet, dass dort jemand sterben soll.

c) Lucys Auftrag könnte sein, den Menschen, der sterben wird, ins Jenseits abzuholen.

Aufgabe 2:

z. B. „Ach du Schreck! Ein rotes Lämpchen im Falkenweg. Das bedeutet, jemand dort wird sterben. Und ich muss ihn abholen. Damit habe ich überhaupt nicht gerechnet. Ist das ein Irrtum? Kann ich es vielleicht verhindern?“

KV Seite 10

Pauls Welt

Hier rekapitulieren die Schüler, was sie im 1. Kapitel über Paul und die Menschen in seinem Umfeld erfahren haben, und machen sich so mit den Figuren der Lektüre besser vertraut.

Lösung

Paul: wohnt im Falkenweg, engagiert sich für Umweltschutz, spielt Fußball, seine Ausstattung ist eher dürftig, hat zwei Nebenjobs (Gassigehen, Nachhilfegeben)

Herr Jedermann: Pauls Vater, (abstrakter) Künstler, momentan recht erfolglos, verdient deshalb durch Malerarbeiten etwas hinzu, hat einen Sensenmann auf Herrn Ledermanns Quad gesprayt

Frau Jedermann: Pauls Mutter, jobbt im Eiscafé ihrer Schwester Estefania

Laurentia: Pauls Schwester, hat einen neuen Freund und ist ein Grufti geworden, verbringt viel Zeit mit ihrer Clique

Anton: Herrn Ledermanns Sohn, spielt in derselben Fußballmannschaft wie Paul, seine Ausstattung ist „vom Feinsten“, beliebt bei der Mannschaft

Jonas: Pauls Freund

Herr Ledermann: Nachbar und Vermieter der Familie Jedermann, Paul ärgert sich über ihn (Lärmbelästigung, Mieterhöhung, Wohnungskündigung), ist profitorientiert, spendiert Pauls Mannschaft Getränke und Süßigkeiten

KV Seite 11

Paul beobachtet Lucy

Nutzen Sie diese Kopiervorlage, um das Textverständnis des 1. Kapitels zu überprüfen. Die Schüler entscheiden, welche Aussagen wahr und welche falsch sind. Die beiden Lösungen bieten die Möglichkeit der Selbstkontrolle.

Lösung

Aufgaben 1 und 2:

richtig: FC Union, falsch: Ledermann

KV Seite 12

Die Tod steht vor der Tür

Am Ende des 1. Kapitels macht Paul mit Lucy Bekanntschaft. Die Schüler versetzen sich in Paul hinein, nachdem Lucy sich vorgestellt hat. Danach überlegen sie, wie sie selbst in dieser Situation reagiert hätten.

Die letzten Aufgaben widmen sich der Perspektive Lucys, die ab dem 2. Kapitel einbezogen und durch eine abgesetzte Schriftfarbe – Blau – deutlich gemacht wird.

Lösung

Aufgabe 1:

„Hallo, mein Name ist Lucy und ich bin die Tod.“

Aufgabe 2:

z. B. „Was hat sie gesagt? Die Tod? Soll das etwa ein Scherz sein? Heute ist doch gar nicht der 1. April! Mir ist fast das Herz stehen geblieben!“

Aufgabe 4:

durch die blaue Schrift

Aufgabe 5:

Der Perspektivwechsel bewirkt erstens, dass die Aufmerksamkeit der Lesenden aufrechterhalten wird. Zweitens bekommen wir einen Einblick in Lucys Innenleben und sind so in der Lage, die Situation von ihrem Standpunkt aus zu betrachten. Wir können mit ihr empfinden, statt uns vor „die Tod“ zu fürchten. Des Weiteren erlangen wir Informationen über das Jenseits, die Paul vorenthalten werden, z. B. über die Organisation der Abholungen und Lucys Motivation, alles anders zu machen als ihr Vorgesetzter Cerberus. Dadurch sind wir auf die kommenden Ereignisse besser vorbereitet.

KV Seite 13

Bilder vom Tod

Die Menschen machen sich seit Jahrtausenden ein Bild vom Tod und stellen ihn auf unterschiedliche Weise dar (siehe „Personifikationen des Todes“ unter „Kreativ aktiv“ rechts). Ausgehend von den Auftritten des Todes in den ersten beiden Kapiteln der Lektüre – als Sensenmann und in der Gestalt Lucys – setzen sich die Schüler mit ihren eigenen (visuellen) Vorstellungen auseinander.

Lösung

Aufgabe 1:
Skelett, Sense, schwarzer Umhang

Aufgabe 3:
Lucy trägt einen schwarzen Mantel. Sie hat blonde Locken und pinke Ohrenwärmer auf dem Kopf. Ihre Füße stecken in himmelblauen Gummistiefeln mit Wolkenmuster. Unter ihrem Auge ist ein dicker schwarzer Strich aufgemalt.

KV Seite 14

Was das Leben wertvoll macht

Im 2. Kapitel unterhalten sich Paul und Lucy darüber, welche Bedeutung der Tod für das menschliche Leben haben kann. Die Schüler diskutieren Lucys Aussage: „Durch uns wird das Leben erst wertvoll.“ Anschließend denken sie darüber nach, was für sie selbst das Leben wertvoll macht, und ergänzen die Mindmap.

KV Seite 15

Brief vom Autor

Hier wendet sich Jan-Christof Scheibe selbst an seine jungen Leser. Er erzählt, wie er auf die Idee zu dem Roman kam, und stellt den Schülern Fragen zu ihren Vorstellungen von Tod und Jenseits. Sicher motiviert der Brief die Kinder, eine Antwort an den Autor zu verfassen und ihn vielleicht sogar zu einer Lesung an die Schule einzuladen.

Gesprächs- und Schreibanlässe

Der Sensenmann erwacht zum Leben

Im 1. Kapitel malt Paul sich aus, wie der Sensenmann zum Leben erwacht, von der Motorhaube herabsteigt und den Nachbarn mit seiner langen Sense kitzelt (S. 13). Schreibe eine kurze Geschichte dazu oder zeichne einen Comic.

Kann man Beliebtheit kaufen?

Anton Ledermann ist bei Pauls Fußballmannschaft beliebt, weil sein „Angebervater“ (S. 15) häufig Süßigkeiten und Getränke spendiert. Was denkt ihr: Kann man Beliebtheit dadurch erlangen, dass man anderen regelmäßig Geschenke macht? Sprecht darüber.

„Die Welt ist doch wirklich ungerecht“

Paul wundert sich, warum manche Menschen im Überfluss leben, während andere trotz harter Arbeit nur wenig Geld haben. Wie kommt das? Findet ihr das auch ungerecht? Welche Vorschläge habt ihr, um diesen Zustand zu verändern? Diskutiert in der Klasse darüber.

Kreativ aktiv

Abstrakte Kunst

Schaut euch einige abstrakte Kunstwerke berühmter Künstler wie Hilma af Klint, Wassily Kandinsky, Jackson Pollock oder Piet Mondrian im Internet an. Erstellt euer eigenes abstraktes Kunstwerk. Ihr könnt verschiedene Materialien und Maltechniken verwenden.

Was sind Gruftis?

Pauls Schwester Laurentia ist ein „Grufti“ geworden. Der Begriff entstand Anfang der 1980er Jahre und bezeichnet eine Person, die der sogenannten Gothic-Kultur angehört. Informiert euch im Internet genauer über diese Bewegung und erstellt ein Plakat mit dazu passenden Bildern.

Personifikationen des Todes

Im 1. Kapitel taucht der Tod in Gestalt des Sensenmanns auf. Welche Erscheinungsformen des Todes kennst du aus anderen Büchern oder Filmen? Notiere mindestens ein Beispiel und beschreibe die Darstellung kurz.

Römmmmm, römrömröm!

Als Onomatopoesie oder Lautmalerei bezeichnet man Wörter, die Klänge oder Geräusche nachahmen. Das können Verben, Nomen oder Interjektionen sein, z. B. knistern, Knall oder klipp, klapp. Stellt eine Liste mit lautmalerischen Wörtern zusammen. Schreibt ein Gedicht oder eine Geschichte mit möglichst vielen dieser Begriffe.

Der Große Atlas

1. Wie sieht der *Große Atlas vom Leben und Vergehen* aus? Lies die Gegensatzpaare und rahme das jeweils passende Adjektiv ein.

klein – groß

blau – orange

eckig – rund

dunkel – hell

durchsichtig – undurchsichtig

beweglich – unbeweglich

Zur Beschreibung des *Großen Atlas vom Leben und Vergehen* werden Vergleiche verwendet. Ein Vergleich stellt eine Beziehung zwischen zwei Bereichen oder Dingen her, die etwas gemeinsam haben. Er wird häufig mit „wie" eingeleitet.

2. Lies im „Vorspiel" nach und ergänze den Satz mit den beiden Vergleichen aus dem Text. Unterstreiche das Wort, an dem man erkennt, dass es sich um einen Vergleich handelt.

Die Kugel sieht ein bisschen aus wie ______________________________ oder

______________________________.

3. Was erkennt man, wenn man den *Atlas vom Leben und Vergehen* vergrößert? Schreibe auf.

Zuerst zeigt sich, dass ______________________________

____

Wenn man den Globus noch größer macht, wird klar, dass ______________________________

____

____

4. Warum trägt die Kugel den Namen *Großer Atlas vom Leben und Vergehen?* Erkläre in einem Satz.

____

____

____

____

Was soll ich tun?

Nach dem Lesen des Vorspiels wirkt noch vieles rätselhaft.

1. Beantworte die folgenden Fragen. Falls du die genaue Antwort nicht kennst, äußere deine Vermutungen.

a) Wer ist Lucy? ______________________________

____

b) Was entdeckt sie auf dem *Großen Atlas vom Leben und Vergehen?* Was bedeutet das?

____

____

c) Welchen Auftrag hat Lucy wohl? ______________________________

____

2. Was geht Lucy am Ende des Vorspiels durch den Kopf? Schreibe in die Gedankenblase.

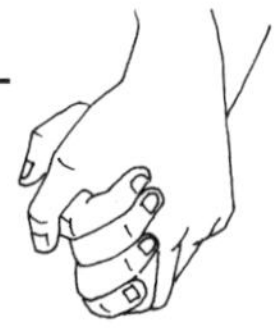

Pauls Welt

Was erfährst du im 1. Kapitel über die folgenden Personen und wie steht Paul zu ihnen? Ergänze das Schaubild mit Informationen.

Herr Jedermann:

Frau Jedermann:

Laurentia:

Anton:

Herr Ledermann:

Jonas:

Paul beobachtet Lucy

1. Lies die folgenden Sätze zum Inhalt des 1. Kapitels. Welche Aussagen sind richtig, welche falsch? Markiere jeweils den passenden Buchstaben.

	richtig	falsch
1. Paul vermutet in der seltsamen Gestalt zunächst einen Paketzusteller.	F	Q
2. Mulis sind eine Mischung aus Kuh und Esel.	B	L
3. Die Bilder von Pauls Vater gehören zur sogenannten *Krickelkunst.*	D	E
4. Paul wohnt im Falkenweg.	C	V
5. Herr Ledermann fährt freitags immer mit seinem Porsche.	X	D
6. Paul mag am liebsten Pistazieneis.	U	R
7. Die Hunde, mit denen Paul Gassi geht, heißen Hocko und Jack.	N	M
8. Paul findet, dass Herr Ledermann auf seinem Quad mördercool aussieht.	H	E
9. Lucy lässt sich vom Gartenschlauch nass spritzen.	A	R
10. Paul spielt beim FC Tasmania.	S	M
11. Am Samstag ist Pauls wichtiges Spiel.	I	E
12. Paul findet es völlig in Ordnung, dass er bei seinen Nebenjobs mogelt.	U	A
13. Paul hat Fußballshorts an.	O	T
14. Lucy trägt himmelblaue Ohrenwärmer.	G	N
15. „Hundertpro“ ist die Abkürzung für „hundert Prozent“ und bedeutet so viel wie „auf jeden Fall“.	N	S
16. Herr Ledermann unterstützt Pauls Mannschaft als Hilfstrainer.	R	N

2. Die korrekt als richtig bzw. falsch markierten Sätze ergeben jeweils eine Lösung. Schreibe die beiden Lösungen auf.

richtig: ______________________________

falsch: ______________________________

Die Tod steht vor der Tür

Am Ende des 1. Kapitels stellt sich Lucy Paul vor.

1. Was sagt sie? Schreibe in die Sprechblase.

2. Was geht Paul wohl in diesem Moment durch den Kopf? Ergänze seine Gedanken.

3. Stell dir vor, Lucy hätte an deine Tür geklopft und sich als die Tod vorgestellt. Wie hättest du reagiert? Tausche dich mit einem Partner darüber aus.

Ab dem 2. Kapitel erhalten wir einen Einblick in Lucys Gedanken.

4. Wodurch ist Lucys Perspektive im Buch hervorgehoben? Notiere.

5. Was bewirkt der Perspektivwechsel? Sprecht darüber.

Bilder vom Tod

Im 1. Kapitel erfährt man, dass Pauls Vater einen Sensenmann auf Herrn Ledermanns Quad gesprayt hat.

1. Wie wird ein Sensenmann typischerweise dargestellt? Lies die Beschreibung im Buch und rahme die richtigen Begriffe ein.

Flügel | Skelett | Hammer | weiße Blume | Sense | Kreuz

Sanduhr | Sarg | schwarzer Umhang | weißes Kleid | schwarze Schminke

2. Male einen Sensenmann unten links in den Rahmen.

Nach einigem Zögern klingelt Lucy an Pauls Tür.

3. Wie wird Lucy beschrieben? Male die Zeichnung rechts passend an.

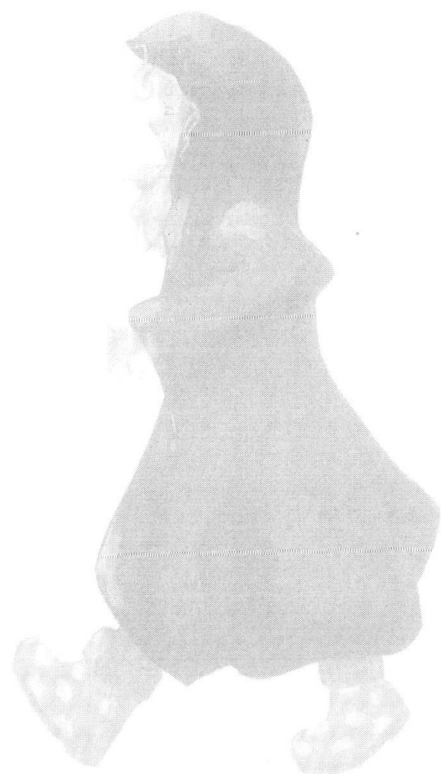

4. Vergleicht die beiden Bilder und diskutiert in der Klasse: Welche Darstellung des Todes findet ihr geeigneter bzw. welche erscheint euch interessanter?

5. Wie stellst du dir den Tod vor? Male oder schreibe in dein Heft. Du kannst dich auch von den Begriffen aus Aufgabe 1 inspirieren lassen.

Was das Leben wertvoll macht

Im 2. Kapitel behauptet Lucy: „Durch uns wird das Leben erst wertvoll." (S. 27)

1. Stimmt ihr Lucy zu, dass der Tod das Leben wertvoll macht? Tauscht euch darüber aus.

2. Was macht das Leben für dich wertvoll? Ergänze die Mindmap.

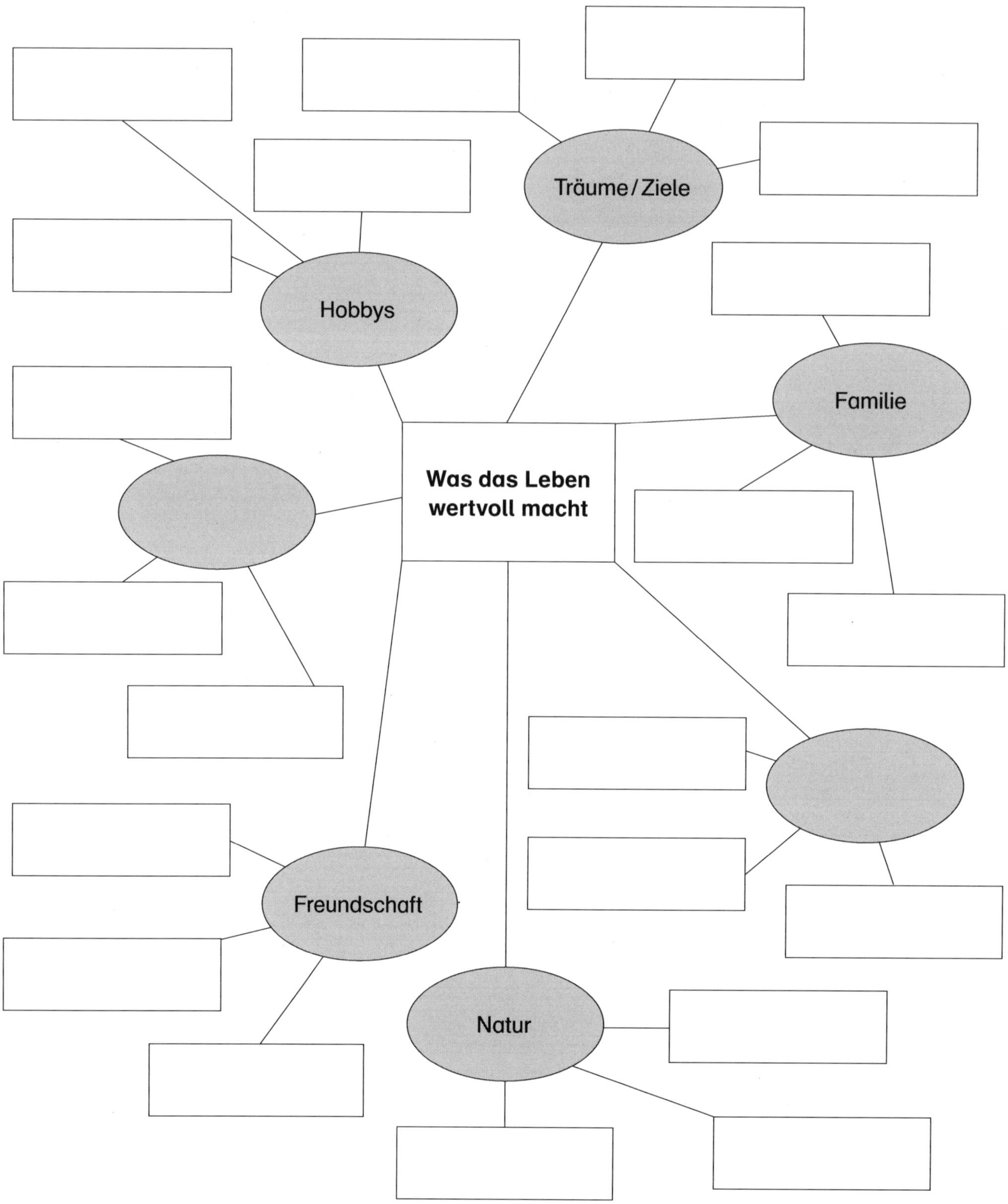

Brief vom Autor

Der Autor von „Jedermännchen", Jan-Christof Scheibe, hat euch einen Brief geschrieben.

Lies den Brief. Tauscht euch anschließend darüber aus. Verfasst eine Antwort an Herrn Scheibe.

Liebe Mädchen und Jungen,

ich freue mich sehr, dass ihr gerade das Buch *Jedermännchen* in den Händen haltet. Und hoffe, dass ihr beim Lesen genauso viel Freude habt, wie ich sie beim Schreiben hatte.

„Also, *der Tod*, das ist doch kein Thema für ein Jugendbuch?" – Diesen oder ähnliche Sätze bekam ich immer wieder von Erwachsenen zu hören, denen ich begeistert von meiner Arbeit an dem Roman erzählte. Meine Antwort lautete dann meistens: „Ich schreibe ja gar nicht über *den*, sondern über *die* Tod!"

Bestimmt seid ihr *ihm* oder *ihr* auch schon mal begegnet. Habt einen toten Vogel auf dem Rasen liegen sehen. Oder vielleicht ist irgendwann eines eurer Haustiere gestorben? In so einem Moment ist man natürlich traurig, das ist ganz normal. Aber man denkt eben auch an all die schönen Augenblicke, die man miteinander verbracht hat.

Die Idee zu dem Buch hatte ich vor ein paar Jahren, als unser 92-jähriger Nachbar gestorben war. Seine Nichte klingelte an unserer Tür und fragte, ob wir uns noch von ihm verabschieden wollten, bevor der Bestatter ihn abholte. Meine Tochter Selma war damals drei Jahre alt und ich hatte diese typische Erwachsenen-Reaktion, nach dem Motto: „Oh Gott! Der Anblick einer Leiche, das ist doch nichts für ein kleines Kind!"

Aber Selma sagte sofort: „Na klar wollen wir Herrn U. noch Tschüss sagen." Und schon war sie unterwegs in die Wohnung gegenüber. Dort lag er auf dem Teppichboden und war augenscheinlich ganz friedlich eingeschlafen. Wir haben eine Kerze neben ihm aufgestellt und ihm eine Blume in die Hand gedrückt. Und in diesem Augenblick habe ich gemerkt: Der Tod gehört eben einfach zum Leben dazu. Man muss keine Angst vor ihm haben. Beziehungsweise: vor *ihr*. Denn in meiner Fantasie ist der Tod ein Mädchen mit blonden Locken.

Welche Vorstellung macht ihr euch vom Tod? Und was meint ihr: Wie sieht es aus in der jenseitigen Welt? Vielleicht habt ihr Lust, mir zu schreiben, wenn ihr das Buch gelesen habt. Eure Ideen würden mich sehr interessieren.

Eine spannende Zeit mit Lucy und Paul wünscht euch

3. bis 5. Kapitel: Paul und Lucy im Gespräch

Inhalt

3. Die Hölle gibt es nicht

Paul ist noch immer erschrocken durch die Erkenntnis, dass Lucy wirklich der Tod sein könnte und ihr Besuch ihm gilt. Er ist schockiert, Lucys erster Passagier zu sein. Die erzählt ihm von ihrer Ausbildung, ihrem Vorgesetzten Cerberus, dem *Großen Atlas vom Leben und Vergehen* und der HÖCHSTEN WESENHEIT. Sie verdeutlicht Paul, dass es unterschiedliche Möglichkeiten gibt, den Tod zu betrachten. Außerdem tauschen sich die beiden über Vorstellungen von der Hölle, von Sünden und dem Paradies aus. Während des Gesprächs ziehen sich Lucy und Paul gegenseitig auf, sodass sie auch lachen müssen.

4. Gott hat einen Rüssel

Lucy stellt noch einmal klar, dass die Vorstellungen vom Paradies nur Fantasiebilder sind und davon abhängen, an welchen Gott die Menschen glauben. Mangels Erfahrung seien sie nicht in der Lage, sich ein realistisches Bild von Gott oder einem Leben nach dem Tod zu machen. Lucy erläutert Paul, dass für sie das Umgekehrte gilt: Als ungeborener Seele fehlt ihr jede Erfahrung mit dem Leben auf der Erde, weshalb sie von ihm lernen möchte. Lucy berichtet auch von der Sprache des Jenseits, dem Cälonisch, das Babys noch sprechen könnten.

Nachdem Paul Einspruch gegen seinen eigenen Tod erhoben hat, beklagt sich Lucy, dass der Tod im europäischen Raum so negativ betrachtet wird. Sie klärt Paul darüber auf, dass es in anderen Erdteilen und Kulturen einen positiveren Zugang zu dem Thema gibt, und macht ihn mit einigen Vorstellungen des Buddhismus und des Hinduismus, darunter Karma und Inkarnation, vertraut. Anschließend lädt Lucy Paul ein, sie zu einer Beerdigung in Thailand zu begleiten. Paul lehnt jedoch ab. Während des Gesprächs realisiert Lucy, dass Pauls Vermieter mit Nachnamen „Ledermann“ heißt. Am Ende des Kapitels ruft Paul erleichtert aus: „Du willst bestimmt zu Rufus!“

5. Meine Freundin, die Tod?

Paul hat die Idee, dass Lucy vielleicht Herrn Ledermann abholen soll, der mit Vornamen Rufus heißt. Lucy kommt dieser Vorschlag überaus gelegen. Damit sie Zeit zum Nachdenken gewinnt, lenkt sie Paul ab, indem sie ihn auf das „Tattoo“ auf seiner Hand anspricht. Paul erklärt, es handle sich dabei um Formeln, die er mit Kugelschreiber dorthin geschrieben habe, um seinem besten Freund Jonas beim Physiktest zu helfen. Lucy hört aufmerksam zu, da sie hofft, auf diese Weise mehr über die menschliche Freundschaft zu lernen. Beiläufig erkundigt sie sich nach der Hausnummer der Ledermanns. Anschließend wundert sich Lucy darüber, dass Paul und seine Familie ihrem Hund ausgerechnet den Namen ihres Nachbarn gegeben haben. Aber Paul stellt klar, dass der Rauhaardackel, den sie von seinem Großvater geerbt haben, schon immer Rufus hieß.

Lucy verabschiedet sich unter dem Vorwand, noch einmal im *Großen Atlas vom Leben und Vergehen* nachschauen zu wollen, welche Seele sie nun tatsächlich ins Jenseits begleiten soll. Nachdem Paul zum Fußballtraining aufgebrochen ist, dreht Lucy die Hausnummer am Gartenzaun der Ledermanns um, sodass aus der 6 eine 9 wird. Daraufhin stattet sie Herrn Ledermann einen Besuch ab.

Unterrichtsschwerpunkte

- Vorstellungen von Jenseits und Tod
- der Tod in anderen Ländern und Religionen

Zu den Kopiervorlagen

KV Seite 19

Die Hölle gibt es nicht

Nach der Lektüre des 3. Kapitels setzen sich die Schüler vertieft mit Pauls Vorstellungen vom Jenseits auseinander. Dem stellen sie Lucys Beschreibungen gegenüber. Anschließend tauschen sich die Kinder über eigene Ideen vom Jenseits aus. Sie präsentieren ihre Ergebnisse, indem sie eine kurze Szene mit einem Partner erarbeiten und in der Klasse vorspielen.

Lösung

Aufgabe 1:

z. B. Paul: „Es gibt nur den einen Tod, der sich um alles kümmert. Wenn ich sterbe, bin ich weg. Dann kann ich nichts mehr tun, was mir hier Spaß macht. Ich finde die Vorstellung gruselig, in der kalten Erde zu liegen. Vielleicht komme ich wegen meiner Sünden in die Hölle. Pipa ist jetzt oben im Himmel oder im Paradies. Dort ist alles friedlich.“

Lucy: „Es existiert mehr als ein Tod. Wir nennen uns Begleiter und erfahren aus dem *Großen Atlas,* wer sterben soll. Darüber entscheidet die HÖCHSTE WESENHEIT. Im Jenseits gibt es spannende Dinge. Es zählt nur als Sünde, wenn man habgierig ist oder andere Lebewesen quält. Die Hölle oder Satan existieren nicht. Unser Jenseits ist ausschließlich für Eingeweihte sichtbar, ähnlich wie der Bahnsteig 9 ¾ bei Harry Potter.“

KV Seite 20

Der Gott mit dem Rüssel

Ganesha ist eine indische Gottheit, die Lucy im Gespräch mit Paul erwähnt. Anhand der Illustration aus der Lektüre und des kurzen Textes erfahren die Schüler etwas über Ganesha und befassen sich so mit anderen religiösen Vorstellungen. Außerdem üben sie sich in der Bildbeschreibung.

Die folgenden Aufgaben fordern die Kinder zum kreativen Schreiben auf: Sie verfassen einen Dialog zwischen Paul und Ganesha und tragen diesen in der Klasse vor.

Lösung

Aufgabe 1:

a) z. B. Ganesha sitzt im Schneidersitz. Er hat einen Rüssel, Elefantenohren und vier Arme. Ein Stoßzahn ist kürzer als der andere. Auf dem Kopf trägt er einen mit Edelsteinen verzierten Turban, um Hals und Handgelenke eine Kette und Armreife. Die Stirn und der Rüssel sind mit Mustern bemalt. Ganesha hat eine Pumphose an.

b) In einer rechten Hand hält Ganesha eine Axt, in den linken Händen eine Kugel und ein Seil. Die Axt dient dazu, weltliche Bindungen zu trennen bzw. Gutes von Schlechtem zu unterscheiden. Die Kugel ist eine indische Süßigkeit (Modaka), die Ganeshas Liebe zum Essen und die Belohnung spiritueller Sinnsuche verdeutlicht. Mit dem Seil zieht Ganesha die Gläubigen aus ihren weltlichen Problemen. Die vorgestreckte rechte Hand gewährt Schutz und Segen.

KV Seite 21

„Immer der Buhmann“

Lucy greift im 4. Kapitel zu Vergleichen – den Verlust eines Balls bzw. eines Wohnungsschlüssels oder Handys –, um den Umgang der Menschen mit dem Tod zu beschreiben. Die Schüler sichern zunächst ihr Textverständnis, indem sie die Sätze ankreuzen, die Lucys Aussagen richtig wiedergeben. Abschließend beziehen sie in einem Brief an Lucy Stellung dazu. Vorbereitend tauschen sie sich mit einem Partner aus.

Lösung

Aufgabe 2:

Der Junge ist traurig über den Verlust seines Balls.
Die Menschen sehen den Tod als Buhmann.
Der Ausdruck *verlieren* ist unpassend für den Tod eines geliebten Menschen.

KV Seite 22

Der Tod anderswo

Anhand von Multiple-Choice-Fragen wiederholen die Schüler, was sie aus der Lektüre über die Vorstellungen vom Tod in anderen Erdteilen und Religionen erfahren haben. Das Lösungswort dient der Selbstkontrolle.

Zum Abschluss überlegen die Kinder, wohin sie gern einmal reisen würden, und begründen ihre Antwort.

Lösung

Aufgaben 1 und 2:

NIRVANA

Gesprächs- und Schreibanlässe

Luzifer

Der Name „Luzifer“ leitet sich vom lateinischen „lux ferre“ ab, was „Lichtträger“ bedeutet. In der christlichen Tradition wird Luzifer oft als der gefallene Engel betrachtet, der sich gegen Gott auflehnte und aus dem Himmel verbannt wurde. Sprechen Sie mit der Klasse über die Geschichte von Luzifer. Regen Sie die Schüler dazu an, darüber nachzudenken, warum Luzifer sich aufgelehnt haben könnte und wie er wohl nach seiner Verbannung über die Ereignisse gedacht hat.

Hätte Pipa das gewollt?

Paul meint, dass sein Großvater sich seine Beerdigung anders gewünscht hätte, als sie dann wirklich war. Wie denkst du darüber? Findest du es wichtig, dass die Angehörigen die Wünsche des Verstorbenen respektieren? Oder sollten sie sich so verabschieden dürfen, wie es ihren eigenen Bedürfnissen entspricht? Tausche dich mit deinem Sitznachbarn aus.

Gottesbilder

Gehen Sie auf verschiedene Vorstellungen und Namen von Gott in den monotheistischen Religionen und von Göttern anderer Glaubensgemeinschaften ein. Dies kann das Verständnis der Schüler für die Vielfalt der religiösen Ansichten vertiefen. Ermutigen Sie die Kinder, ihre eigenen Überzeugungen zu teilen. Betonen Sie, dass es in Ordnung ist, unterschiedliche Sichtweisen zu haben. Das Ziel besteht darin, etwas voneinander zu erfahren und tolerant zu sein.

Wie stellst du dir Gott vor?
Beschreibe in einem Aufsatz deine persönliche Vorstellung von Gott: Welche Eigenschaften, Merkmale oder Charakterzüge verbindest du mit ihm oder ihr? Alternativ kannst du auch begründen, was aus deiner Sicht dagegenspricht, dass es so etwas wie „Gott" gibt.

Der Hund von Nakhla
Stell dir vor, du warst dabei, als in Nakhla 1911 ein Hund von einem Meteorit getroffen wurde. Verfasse einen kurzen Bericht über dieses Erlebnis.

Zeit ist relativ
Paul hat im 5. Kapitel den Eindruck, die Zeit mit Lucy würde langsamer laufen. Es kommt ihm vor, als redeten sie schon stundenlang miteinander, dabei sind erst fünfzehn Minuten vergangen. Sprecht darüber, warum auch für uns die Zeit manchmal sehr schnell und manchmal sehr langsam zu vergehen scheint. In welchen Situationen ist das so und warum?

Kreativ aktiv

„Unsere Welt ist nur für Eingeweihte sichtbar"
Macht euch auf die Suche nach Büchern, Filmen oder Kunstwerken, die Parallel- oder Jenseitswelten beschreiben. Wählt ein Werk aus und erklärt kurz in der Klasse, warum es euch anspricht. Ihr könnt auch dazu passendes Bildmaterial präsentieren.

Entdecke Cälonisch – die Geheimsprache der Babys
Teilt euch in Gruppen auf und entwickelt die Sprache „Cälonisch". Denkt darüber nach, welche lustigen Laute Babys machen. Leitet daraus „cälonische" Wörter ab und schreibt eine Liste mit euren erfundenen Ausdrücken. Stellt eure Sprache in der Klasse vor.

Día de los Muertos
Recherchiert über den „Día de los Muertos" („Tag der Toten") in Mexiko und bereitet eine Präsentation vor. Geht darin auf die Ursprünge und Bräuche dieses Festes ein. Ihr könnt euren Vortrag durch eine Mischung aus informativen Texten, aussagekräftigen Bildern und eventuell kurzen Videos unterstützen, um die lebendige Atmosphäre und die künstlerischen Elemente dieses Festes wirkungsvoll zu vermitteln.

Der Karma-Song
Hört euch das Lied „Drama mit dem Karma" der Band *Sportfreunde Stiller* auf Youtube an. Auch die Lyrics findet ihr im Internet. Wie gefällt euch der Song? Wodurch zeichnet sich die musikalische Gestaltung aus? Wie ist der Charakter des Textes? Welche Botschaft wird vermittelt? Tauscht euch darüber aus.

Im Lied tauchen zwei Reimpaare mit Tieren auf (Fliege und Elefant). Überlegt euch weitere lustige Reimpaare mit Tieren, die zu den Lyrics passen.

Die Hölle gibt es nicht

1. Lies das 3. Kapitel. Fasse dann kurz zusammen, wie Paul sich das Jenseits vorstellt und wie es nach Lucys Aussage wirklich ist. Schreibe in die Blasen. Die Stichworte helfen dir.

ein Tod	kalte Erde	Sünden	Hölle	Himmel	Paradies	Begleiter
weg	*Großer Atlas*	HÖCHSTE WESENHEIT	spannende Dinge	Bahnsteig 9 ¾		

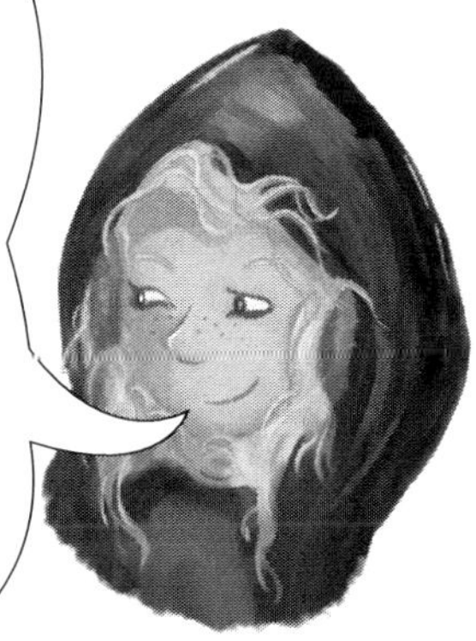

2. Wie stellt ihr euch das Jenseits vor? Welche Wesen leben dort, welche Regeln gibt es? Tauscht euch über eure Ideen aus.

3. Erarbeite mit einem Partner eine kurze Szene, in der zwei Personen mit unterschiedlichen Jenseitsvorstellungen aufeinandertreffen. Spielt die Szene vor.

Der Gott mit dem Rüssel

1. Lies den Text und betrachte das Bild. Tauscht euch über folgende Fragen aus.

a) Wie ist Ganesha dargestellt?
b) Welche Dinge hält Ganesha in den Händen und was bedeuten diese? Beschreibe und recherchiere.
c) Welche Gefühle ruft das Bild bei dir hervor?

Ganesha ist eine der bekanntesten und verehrtesten Gottheiten im Hinduismus. Er gilt als Gott der Weisheit, des Wissens und der Überwindung von Hindernissen. Häufig wird der Gott mit dem Elefantenkopf zu Beginn von Ritualen oder wichtigen Vorhaben angebetet, um Glück und Erfolg zu bringen. Auch im Buddhismus ist die Verehrung von Ganesha verbreitet. Er ist beispielsweise immer dabei, wenn seine Anhänger zu einer Reise aufbrechen oder die Schule neu beginnt.

Paul hat morgen ein wichtiges Fußballspiel und wendet sich davor an Ganesha.

2. Schreibe mit einem Partner einen Dialog zwischen Paul und Ganesha. Paul bittet den Gott um Rat und Führung, während Ganesha auf humorvolle, gütige und weise Art antwortet.

3. Tragt eure Szenen in der Klasse vor.

„Immer der Buhmann“

1. Lies die Aussagen in den Sprechblasen.

Paul, sieh es mal so: Wenn ein Junge vom Spielen nach Hause kommt und merkt, dass er seinen Fußball verloren hat, dann empfindet er einen Verlust. Klar, weil der Ball ihm gehört. Aber dem Ball macht das doch nichts aus! Der findet einfach einen neuen Spielkameraden.

Für euch Menschen sind Wesen wie ich immer der Buhmann. Weil der Tod angeblich schuld daran ist, dass eine Lücke gerissen wird in das Leben der Trauernden, die einen geliebten Menschen *verloren* haben. Was ist das denn bitte für ein Ausdruck? Einen Menschen kann man doch nicht *verlieren,* wie man sein Handy verliert oder den Wohnungsschlüssel! Und warum nicht? Weil ein Mensch dir nicht gehört! Aber das begreifen die Leute nicht.

2. Was meint Lucy damit? Kreuze die Sätze an, die ihre Aussagen richtig wiedergeben.

- ☐ Der Junge ist traurig über den Verlust seines Balls.
- ☐ Der Ball ist traurig, weil der Junge ihn verloren hat.
- ☐ Die Menschen sehen den Tod als Buhmann.
- ☐ Einen Menschen zu verlieren ist, wie sein Handy oder den Wohnungsschlüssel zu verlieren.
- ☐ Der Ausdruck *verlieren* ist unpassend für den Tod eines geliebten Menschen.
- ☐ Die Leute verstehen, dass ein anderer Mensch ihnen nicht gehört.

3. Wie findest du Lucys Aussagen? Stimmst du ihnen zu? Warum (nicht)? Sprich mit einem Partner darüber.

4. Was würdest du Lucy antworten? Schreibe einen Brief an *die Tod* in dein Heft, in dem du auf ihre Aussagen eingehst.

Der Tod anderswo

1. Wie wird der Tod woanders betrachtet? Kreuze jeweils die richtige Antwort an.

a) Wer glaubt daran, dass die Seele wiedergeboren wird?

- ☐ Juden und Christen. (L)
- ☐ Buddhisten und Hindus. (N)
- ☐ Muslime. (S)

b) Wann hat man „gutes Karma"?

- ☐ Wenn man gute Taten begeht. (I)
- ☐ Wenn man viel Geld auf dem Konto hat. (U)
- ☐ Wenn man als Regenwurm wiedergeboren wird. (T)

c) Was bedeutet „inkarnieren"?

- ☐ Aus dem Rad des Lebens aussteigen. (E)
- ☐ Wiedergeboren werden. (R)
- ☐ Verschwinden. (Z)

d) Welche Tiere sind in Indien heilig?

- ☐ Kühe. (V)
- ☐ Hühner. (I)
- ☐ Schweine. (R)

e) Wie heißt das Paradies der Hindus?

- ☐ Nirvana. (B)
- ☐ Moksha. (A)
- ☐ Eden. (F)

f) Wo wird der Tod nicht nur betrauert, sondern auch gefeiert?

- ☐ In der Schweiz. (E)
- ☐ In den USA. (E)
- ☐ In Mexiko. (N)

g) Worauf hoffen die Buddhisten, wenn ein Angehöriger stirbt?

- ☐ Dass er aus dem großen Rad des Lebens rausklettern darf. (A)
- ☐ Dass sie ihn im Paradies wiedertreffen. (R)
- ☐ Dass er als Kuh wiedergeboren wird. (N)

2. Die Buchstaben hinter den richtigen Antworten ergeben ein Lösungswort. Schreibe es auf.

____

3. Stell dir vor, du kannst eine Reise nach Mexiko, Indien oder Thailand machen. Für welches Ziel würdest du dich entscheiden? Begründe deine Wahl.

____

____

6. und 7. Kapitel: Ein Ausflug nach Thailand

Inhalt

6. Von Hunden und Hyänen

Paul hat es noch rechtzeitig zum Fußballtraining geschafft. Das entscheidende Spiel gegen den Tabellenersten steht unmittelbar bevor und der Trainer hält eine Ansprache. Paul soll als Kapitän auch ein paar Worte an die Mannschaft richten, doch ihm fällt nichts Passendes ein.

Währenddessen kehrt Lucy ins Jenseits zurück. Dort wird sie von ihrem Vorgesetzten Cerberus zur Rede gestellt, der die Gestalt eines schwarzen Hundes angenommen hat. Cerberus ist empört, weil Lucy allein kommt. Sie erklärt ihrem Vorgesetzten, dass die Schrift auf dem Zettel, auf den sie sicherheitshalber den Namen und die Adresse des Passagiers geschrieben habe, durch einen Wolkenbruch verwischt und teilweise nicht mehr lesbar sei. Außerdem gebe es die notierte Adresse zweimal. Cerberus misstraut Lucys Erzählung, hat aber für den Moment keine Möglichkeit, sie zu überprüfen, da der *Große Atlas vom Leben und Vergehen* nicht zu sehen ist und er die HÖCHSTE WESENHEIT nicht kontaktieren darf. Lucy freut sich, etwas Zeit gewonnen zu haben.

Als Paul nach Hause kommt, erfährt er von seinem Vater, dass der bereits für den Auftrag, den Sensenmann auf Herrn Ledermanns Quad zu sprayen, entlohnt wurde. Herr Ledermann aber wolle das Quad nun neu lackieren lassen. Paul fragt sich, ob dieser Gesinnungswechsel wohl auf einen Besuch von Lucy zurückzuführen ist. Beim Abendspaziergang mit Rufus hat Paul den Gedanken, er könne vor seinem Hund sterben, und erkennt, dass es sinnvoll ist, sich mit dem Tod auseinanderzusetzen.

7. Das blaue Lämpchen

Auf seinem Spaziergang mit Rufus entdeckt Paul einen großen schwarzen Hund, den er nicht kennt. Dabei handelt es sich um Cerberus. Zu Hause wird Paul Zeuge, wie sein Vater die Wohnungskündigung in der Post findet.

Im Jenseits erscheint der *Große Atlas*, auf dem Lucy ein blaues Lämpchen mit dem Vermerk *in Bearbeitung* entdeckt. Cerberus kommt hinzu und erschrickt, da es diesen Fall noch nie gegeben hat. Er stellt Lucy ein Ultimatum von zwei Tagen, um ihren Auftrag zu erledigen, andernfalls werde er sich persönlich um die Abholung kümmern.

Lucy taucht am frühen Samstagmorgen in der Küche im Falkenweg 9 auf. Paul erzählt ihr von Jonas, seinem besten Freund seit Kitatagen. Lucy schlägt Paul erneut vor, sie zu einer Beerdigung nach Thailand zu begleiten. Dafür möchte sie seinen sogenannten Astralkörper benutzen. Paul bezweifelt noch immer, dass Lucy wirklich der Tod ist, und stellt sie auf die Probe. Da Lucy den Namen seines Großvaters kennt, glaubt er ihr schließlich. Die beiden reisen mithilfe eines Zweieurostücks, das Paul sich auf die Zunge legt, nach Thailand. Dort beobachten sie eine buddhistische Trauerzeremonie. Paul findet, dass sie wegen der fröhlichen Atmosphäre eher wie ein Sommerfest wirkt. Nach einer Begegnung mit einer anderen Begleiterin aus dem Jenseits und mit einem weisen Mönch kehrt Paul nach Hause zurück.

Unterrichtsschwerpunkte

- Motivationsreden
- Cerberus und seine mythologische Vorlage
- Was bedeutet „Freundschaft"?
- technische Erfindungen: pro und kontra
- Beerdigungen in verschiedenen Religionen und Kulturen

Zu den Kopiervorlagen

KV Seite 27

Die richtigen Worte

Auf dem vorliegenden Arbeitsblatt setzen sich die Schüler mit der Rede von Pauls Fußballtrainer im 6. Kapitel auseinander. Sie untersuchen deren Wirkung und machen sich bewusst, dass eine Ansprache Emotionen wecken, eine Verbindung zu den Zuhörenden herstellen und eine Botschaft vermitteln soll. Abschließend üben sie sich selbst im Redenschreiben, indem sie sich Sätze überlegen, die Paul als Kapitän an die Mannschaft richten könnte.

Lösung

Aufgabe 2:

z. B. wichtig: Heimvorteil; Teamgedanke; gemeinsames Ziel: Meisterschaft; Aufforderungscharakter

Verbesserungsvorschlag: die spielerische Qualität Tasmanias aussparen

Aufgabe 3:

z. B. „Morgen ist unser Tag! Wir haben uns gut vorbereitet und jetzt stehen wir hier für unser letztes Training vor dem entscheidenden Spiel. Jeder von euch ist ein wichtiger Teil der Mannschaft. Ich bin sicher, dass wir gemeinsam Tasmania schlagen und die Meisterschaft gewinnen können. Lasst uns auf den Platz gehen, Spaß haben und unser Bestes geben. Einer für alle, alle für einen!"

KV Seite 28

Cerberus

Im 6. Kapitel tritt erstmals Lucys Vorgesetzter Cerberus in Gestalt eines Hundes in Erscheinung. Als Gegenspieler von Paul und Lucy nimmt er eine wichtige Rolle in der Lektüre ein. In Aufgabe 1 sichern die Schüler zunächst ihr Textverständnis zu dem Gespräch zwischen Lucy und ihrem Chef, das für das Erfassen der weiteren Handlung entscheidend ist.

Mittels eines kurzen Sachtexts erfahren die Kinder anschließend, dass Cerberus durch eine Gestalt aus der antiken Mythologie inspiriert ist. Das verleiht der Figur zusätzliche symbolische Tiefe.

Lösung

Aufgabe 1:

Cerberus kommt Lucy entgegen. Er hat die Gestalt eines großen schwarzen Hundes mit glänzendem Fell und einem riesigen Kopf. Der Hund mustert Lucy mit stechend gelben Augen. Aus seinem gewaltigen Maul triefen lange Sabberfäden. Doch Lucy lässt sich von der furchterregenden Erscheinung nicht einschüchtern. Sie gibt vor, dass es aufgrund der verwischten Schrift auf dem Zettel möglicherweise zu einer Verwechslung gekommen sei. Auf ihre gespielten Tränen reagiert Cerberus ungerührt. Lucy beichtet, dass sowohl Rufus Ledermann als auch Paul Jedermann über seinen möglichen Tod informiert wurde. Cerberus ist außer sich vor Wut, denn für ihn steht fest: In seiner Abteilung passieren keine Fehler!

Aufgabe 2:

Gemeinsamkeiten (grün): unterstrichen

Unterschiede (rot): *kursiv*

Kerberos (lateinisch: Cerberus) ist in der griechischen Mythologie ein furchterregender, meist *mehrköpfiger* Hund. Er *bewacht den Eingang zur Unterwelt,* damit kein Lebender hineinkommt und kein Toter hinaus. Überwiegend wird er als *dreiköpfiger* Hund dargestellt, manchmal aber auch mit einem Kopf, *zwei, fünfzig oder sogar hundert Köpfen*. Künstler verliehen ihm oft zusätzlich die *Merkmale einer Schlange* (Schlangenschwanz, Schlangenköpfe oder ganze Schlangen als Schwanz oder auf dem Rücken).

Aufgabe 3:

z. B. Meine Nachwuchskraft Lucy hat ihren ersten Auftrag absolut vermasselt. Sie kam ohne die abzuholende Person ins Jenseits zurück. Außerdem gestand sie, nicht nur diese, sondern eine weitere über ihren möglichen Tod informiert zu haben. Lucys Erklärung lautete, dass der Name auf ihrem Zettel verwischt gewesen sei und es die Adresse zweimal gebe. Ich kündigte an, der Sache auf der Erde nachzugehen.

KV Seite 29

Das blaue Lämpchen

Das Erscheinen eines blauen Leuchtsignals auf dem *Großen Atlas* stellt ein nie dagewesenes Ereignis im Jenseits dar. Hier setzen sich die Schüler mit der Reaktion von Cerberus auf die Entdeckung auseinander. Außerdem machen sie sich Gedanken, wie es zu dem Vorfall kommen konnte, indem sie sich in die HÖCHSTE WESENHEIT hineinversetzen und einen inneren Monolog aus ihrer Sicht verfassen.

Lösung

Aufgabe 1:

z. B. Cerberus reagiert panisch, weil er befürchtet, dass der *Große Atlas* durch Lucys Verhalten beschädigt ist und die Menschen nicht mehr sterben werden. Er hat Angst, dass es nun zu Anarchie und Chaos auf der Erde kommen wird.

Aufgabe 2:

„Hör zu, ich gebe dir genau zwei Erdentage, um die Sache ins Reine zu bringen. Danach kümmere ich mich persönlich um die Abholung des Erdlings.“

Aufgabe 3:

z. B. Das Leben eines Menschen ist endlich, das liegt in seiner Natur. Doch mir tut Paul leid. Er ist jung und möchte noch viel erleben. Vielleicht hilft ihm die Begegnung mit Lucy, auf der Erde Gutes zu bewirken? Außerdem beeindruckt mich Lucys Einsatz für ihren Schützling. Sie kann aus diesem Ereignis ebenfalls einiges lernen. Herr Ledermann erscheint mir bereits sehr verändert. Daher habe ich beschlossen, erstmals ein blaues Lämpchen leuchten zu lassen. Es zeigt an, dass ich mit Güte auf die Situation schaue und abwarte, bevor ich eine endgültige Entscheidung treffe.

KV Seite 30

Was bedeutet Freundschaft?

Im 4. Kapitel wird Lucys Wunsch deutlich, von Paul mehr über Freundschaft zu erfahren. Im weiteren Verlauf ihrer Unterhaltung sammelt sie Informationen über dieses irdische Phänomen, die sie im 7. Kapitel zusammenfasst. Lucys Definition wird auf dem Arbeitsblatt aufgegriffen, doch durch den Einbau unpassender Begriffe völlig verfremdet. Die Schüler sind aufgefordert, genau zu lesen, um die falschen Wörter zu entdecken und zu korrigieren. Im Anschluss daran beziehen sie Stellung zu Lucys Aussagen und machen sich Gedanken darüber, was sie selbst unter Freundschaft verstehen.

Lösung
Aufgabe 1:
Freund, das konnte man anscheinend sein, doch man konnte auch einen haben. Freunde teilten bereitwillig Dinge miteinander, die sie mit anderen Menschen nicht teilen wollten. Zum Beispiel Geheimnisse. Wenn man zu jemandem *mein Freund* sagte, dann war das eine Form von Auszeichnung. Aber diese Anerkennung war auch mit Pflichten verbunden: Der Freund musste für einen da sein, sonst war er irgendwann kein Freund mehr.

KV Seite 31
Immer diese Technik ...
Die Figuren aus dem Jenseits zeigen sich grundsätzlich skeptisch gegenüber der von Menschen entwickelten Technik. Die Kopiervorlage stellt ausgewählte technische Erfindungen und Entdeckungen der vergangenen zweihundert Jahre in Form einer Zeitleiste dar. Die Schüler erhalten die Möglichkeit, sich genauer über bekannte und unbekannte Innovationen zu informieren und deren Vor- und Nachteile abzuwägen. So werden sie dafür sensibilisiert, differenziert zu urteilen und Technik nicht pauschal zu verteufeln bzw. zu bejubeln.

Lösung
Aufgabe 3:
z. B. Genschere (CRISPR/Cas-Methode): Dabei handelt es sich um eine molekularbiologische Methode, um DNA gezielt zu schneiden. So kann man das Erbgut von Lebewesen verändern.

Vorteile	Nachteile
ermöglicht präzise Bearbeitung von Genomen, führt zu Fortschritten in der medizinischen Forschung, findet Anwendung in der Landwirtschaft	ethische Bedenken, unerwünschte Nebenwirkungen, Missbrauchspotenzial

KV Seite 32
Entdecke deinen Astralkörper!
Die Idee, neben einem physischen Körper auch einen Astralkörper zu besitzen, regt sicherlich die Fantasie Ihrer Schüler an. Auf diesem Blatt können sie ihre Vorstellungen künstlerisch und schriftlich ausdrücken.

Aufgabe 2 widmet sich der Reise ins Totenreich, wie sie sich die Griechen in der Antike ausgemalt haben.

Lösung
Aufgabe 2:
Bereits die Griechen haben ihren Toten vor über zweitausend Jahren eine Münze auf die Zunge gelegt. Die Münze diente dazu, den Fährmann zu bezahlen, um heil ins Totenreich zu gelangen.

KV Seite 33
Eine Beerdigung in Thailand
In Aufgabe 1 beantworten die Schüler Fragen zu Pauls Reise nach Thailand und festigen dadurch ihr Textverständnis. Der buddhistischen Trauerzeremonie wird die christliche Beerdigung von Pauls Opa (3. Kapitel) gegenübergestellt. Der Vergleich erweitert den Blick dafür, dass es unterschiedliche Möglichkeiten gibt, sich von Verstorbenen zu verabschieden, und regt, je nach Klassensituation, zu einem persönlichen Austausch an. Im Anschluss bietet sich der Gesprächsanlass „Beerdigungsriten in verschiedenen Kulturen“ (siehe S. 26) an.

Lösung
Aufgabe 1:
a) Es ist groß, bunt verziert und hat goldene Türmchen und rote Ziegeldächer. Es handelt sich um einen Tempel.
b) Paul hört Glocken und Männergesang. Mönche beten dafür, dass der Verstorbene Erleuchtung findet und nicht mehr wiedergeboren werden muss.
c) Vor dem Tempel stehen mit Blumen geschmückte Tische und zwischen Zelten sind Leinen mit bunten Fähnchen gespannt. Frauen kochen und Kinder spielen. Alle sind fröhlich.

Aufgabe 2:
lange Reden; traurige Musik; brauner Sarg; muffige Friedhofskapelle; traurige Menschen; Erdloch, das durch rotweißes Plastikband an eine Baustelle erinnert; ein Meer von abgeschnittenen Blumen

Gesprächs- und Schreibanlässe

Spitznamen

Pauls Fußballtrainer, Kurt Felsenheimer, wird „Fuchs“ genannt. Welchen Eigenschaften verdankt er wohl die Bezeichnung? Kennt ihr auch jemanden, der einen aussagekräftigen Spitznamen hat? Wie ist dieser entstanden? Tauscht euch darüber aus.

Mein tierischer Freund

Paul liebt seinen Rauhaardackel Rufus. Im 6. Kapitel freut er sich, als der Hund ihn an der Haustür begrüßt, und tollt mit ihm herum. Schreibe eine kurze Geschichte oder ein Gedicht über ein Tier, mit dem du eine enge Beziehung hast oder hattest. Es kann sich auch um ein erfundenes Tier handeln. Halte Erlebnisse fest, die euch verbinden. Wenn du magst, teile deine Geschichte oder dein Gedicht mit der Klasse.

Meine Freundin, die Tod?

Könntest du dir vorstellen, mit dem Tod befreundet zu sein? Warum (nicht)? Wie würde eine Freundschaft mit dem Tod deine Sichtweise auf das Leben beeinflussen? Diskutiert in der Klasse.

Beerdigungsriten in verschiedenen Kulturen

Regen Sie die Schüler zu einem Austausch über Abschiedszeremonien in unterschiedlichen Religionen und Ländern an. Dieses Thema bietet die Möglichkeit, kulturelle Vielfalt zu erkunden.

Lassen Sie die Kinder zunächst in Gruppen die Rituale und Bräuche recherchieren, die den Tod in Religionen wie dem Islam, dem Judentum und dem Hinduismus begleiten. Außerdem können zusätzliche Hinweise zu Buddhismus und Christentum erarbeitet werden. Die Recherche sollte auch offen für alternative Bestattungsformen sein, die unabhängig von Religion oder Kultur sind. Moderieren Sie die Diskussion und betonen Sie die Wichtigkeit von Respekt und Aufgeschlossenheit gegenüber fremden kulturellen Ansätzen und Praktiken.

Kreativ aktiv

Spiel: Ausreden erfinden

Nehmt euch ein Beispiel an Lucys Einfallsreichtum und zeigt, wer die besten Ausreden parat hat! Ihr könnt Teams bilden oder als Einzelspieler antreten.
Material: Karteikarten, Sanduhr, Punktekarten
Vorbereitung: Erstellt Karten mit verschiedenen Situationen, in denen man eine Ausrede erfinden möchte. Beispiele: Du hast vergessen, dass heute der Tag ist, an dem du vor der ganzen Klasse einen Vortrag halten musst. – Du hast einen Schuh verloren und kannst deshalb nicht am Sportunterricht teilnehmen. – Du kommst zu spät zum Training.
Ablauf: Die Teilnehmer sitzen im Kreis. Der Spielleiter zieht eine Karte und liest sie laut vor. Die Sanduhr wird umgedreht. Sobald sie abgelaufen ist, präsentiert jeder Spieler seine Ausrede. Die Ausreden werden nach Kreativität, Überzeugungskraft und Humor bewertet. Der Erfinder der besten Ausrede erhält eine Punktekarte. Wer am Ende die meisten Punktekarten hat, gewinnt das Spiel.

Die Faszination der Unterwelt

Gestaltet eure Vorstellungen der Unterwelt auf fantasievolle Weise. Lasst euch von mythologischen, literarischen oder filmischen Quellen inspirieren. Zeichnet eine Landkarte, erstellt eine Collage aus Bildmaterial von Spielfilmen oder sammelt Zitate aus der Literatur. Ihr könnt euch auch Charaktere aus der Unterwelt ausdenken und Cartoons mit ihnen entwerfen.

„So etwas hat es hier noch nie gegeben“

Schreibt ein kurzes Theaterstück. Folgende Situation dient als Ausgangspunkt: In eurem (fiktiven) Ort erscheint plötzlich ein mysteriöses Zeichen, das niemand je zuvor gesehen hat. Alle Einwohner sind ratlos, wie sie damit umgehen sollen. Sie versuchen gemeinsam, das Geheimnis des Zeichens zu entschlüsseln.

Die Botschaften des Dharma

Das Dharma-Rad ist das bekannteste Symbol des Buddhismus. Lucy trägt es als Anhänger um den Hals, wie du auf dem Cover und einigen Bildern im Buch siehst. Recherchiere die Bedeutung des Rads und der Speichen. Informationen stehen z. B. hier: *https://www.religionen-entdecken.de/lexikon/d/dharma-rad*. Stelle das Dharma-Rad künstlerisch dar: in Form einer Zeichnung, eines farbigen Bildes oder einer Collage. Gestalte es so, dass das für dich Wesentliche des Dharma zum Ausdruck kommt.

Die richtigen Worte

Pauls Mannschaft steht vor dem entscheidenden Spiel gegen den Tabellenersten FC Tasmania.

1. Lies die Ansprache des Trainers Kurt Felsenheimer.

Jungs, hört mal, rein spielerisch mag Tasmania ja eine Macht sein. Aber wir haben ein Heimspiel, das ist unser großer Vorteil. Nur ein Sieg hilft uns weiter, wenn wir dieses Jahr die Meisterschaft gewinnen wollen. Also rennt und kämpft gemeinsam. Wenn einer einen Fehler macht, bügelt der andere ihn für ihn aus. Seid ein echtes Team, dann kann es klappen!

2. Würdest du dich als Spieler von der Rede angesprochen fühlen? Was erscheint dir wichtig daran? Welchen Verbesserungsvorschlag hättest du? Notiere in Stichpunkten. Tauscht euch anschließend über eure Antworten aus.

Paul ist Mannschaftskapitän und soll ebenfalls etwas Motivierendes sagen. Da ihm nichts Besseres einfällt, ruft er nur: „Einer für alle!“

3. Hilf Paul dabei, die richtigen Worte zu finden. Schreibe in die Sprechblase.

Cerberus

Im 6. Kapitel kehrt Lucy ins Jenseits zurück und trifft dort auf ihren Vorgesetzten Cerberus.

1. Was erfährst du über die Begegnung? Ergänze den Lückentext.

Tod | Fehler | Zettel | furchterregenden | Tränen | Hundes | Sabberfäden | glänzendem

Cerberus kommt Lucy entgegen. Er hat die Gestalt eines großen schwarzen ______________________ mit ______________________ Fell und einem riesigen Kopf. Der Hund mustert Lucy mit stechend gelben Augen. Aus seinem gewaltigen Maul triefen lange ______________________. Doch Lucy lässt sich von der ______________________ Erscheinung nicht einschüchtern. Sie gibt vor, dass es aufgrund der verwischten Schrift auf dem ______________________ möglicherweise zu einer Verwechslung gekommen sei. Auf ihre gespielten ______________________ reagiert Cerberus ungerührt. Lucy beichtet, dass sowohl Rufus Ledermann als auch Paul Jedermann über seinen möglichen ______________________ informiert wurde. Cerberus ist außer sich vor Wut, denn für ihn steht fest: In seiner Abteilung passieren keine ______________________!

2. Lies den Infotext über Kerberos aus der griechischen Mythologie. Welche Gemeinsamkeiten haben er und Lucys Vorgesetzter? Unterstreiche grün. Welche Unterschiede gibt es? Markiere rot.

Kerberos (lateinisch: Cerberus) ist in der griechischen Mythologie ein furchterregender, meist mehrköpfiger Hund. Er bewacht den Eingang zur Unterwelt, damit kein Lebender hineinkommt und kein Toter hinaus. Überwiegend wird er als dreiköpfiger Hund dargestellt, manchmal aber auch mit einem Kopf, zwei, fünfzig oder sogar hundert Köpfen. Künstler verliehen ihm oft zusätzlich die Merkmale einer Schlange (Schlangenschwanz, Schlangenköpfe oder ganze Schlangen als Schwanz oder auf dem Rücken).

3. Stell dir vor, Cerberus muss seinem Vorgesetzten den Vorfall mit Lucy melden. Schreibe seinen Bericht in dein Heft. Verwende die Ich-Perspektive und das Präteritum.

Das blaue Lämpchen

1. Wie reagiert Cerberus im 7. Kapitel auf die Entdeckung des blauen Lämpchens? Was befürchtet er? Fasse in eigenen Worten zusammen.

2. Welchen Auftrag gibt Cerberus Lucy daraufhin? Schreibe in die Sprechblase.

Die HÖCHSTE WESENHEIT ist über alle Vorgänge im Jenseits informiert.

3. Was hat sie damit zu tun, dass auf dem *Großen Atlas* nun ein blaues Lämpchen erscheint? Wie denkt sie wohl über die Situation? Schreibe einen inneren Monolog aus ihrer Sicht.

Was bedeutet Freundschaft?

Im 7. Kapitel erklärt Lucy, was sie unter dem Begriff *Freundschaft* versteht.

1. In ihre Beschreibung haben sich sechs Fehler geschlichen. Finde die falschen Wörter, streiche sie durch und schreibe die richtigen Begriffe darüber.

Freund, das konnte man anscheinend sein, doch man konnte auch einen kaufen. Freunde teilten bereitwillig Dinge miteinander, die sie mit anderen Lebewesen nicht teilen wollten. Zum Beispiel Geschenke. Wenn man zu jemandem *mein Freund* sagte, dann war das eine Form von Lob. Aber diese Anerkennung war auch mit Wünschen verbunden: Der Freund musste für einen da sein, sonst war er irgendwann kein Feind mehr.

2. Wie findest du Lucys Erklärung? Stimmst du ihr zu? Warum (nicht)? Sprich mit einem Partner darüber.

3. Was bedeutet Freundschaft für dich? Schreibe eine einfache Definition in drei Sätzen.

4. Tauscht euch über eure Definitionen aus. Welche Möglichkeiten fallen euch noch ein, um jemandem *Freundschaft* zu erklären?

Immer diese Technik …

Sowohl Cerberus als auch Lucy zeigen sich im 7. Kapitel skeptisch gegenüber Technik.

1. Betrachte die Zeitleiste mit einer Auswahl der wichtigsten Erfindungen und Entdeckungen der letzten zweihundert Jahre.

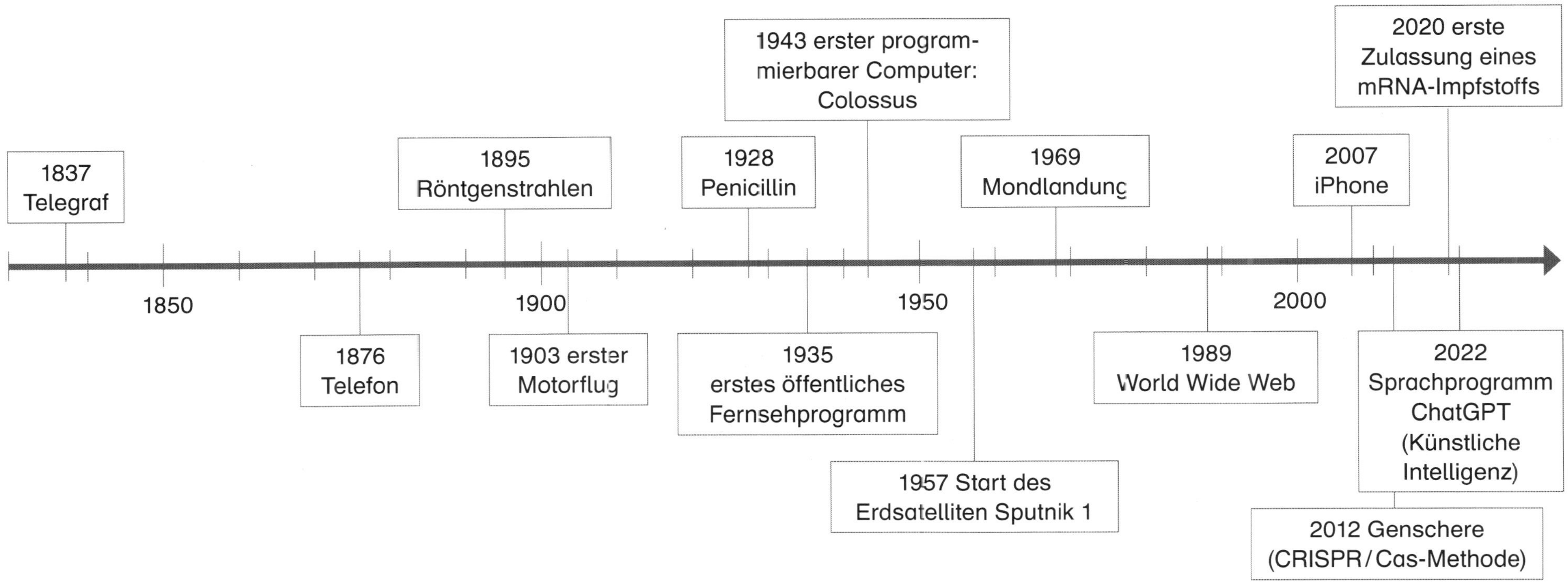

2. Welche Erfindungen kennt ihr, welche nicht? Sprecht in der Klasse darüber.

3. Wählt eine der Erfindungen aus der Zeitleiste und recherchiert dazu. Welche Vorteile hat sie? Worin seht ihr Nachteile? Diskutiert in der Gruppe und haltet eure Ergebnisse in einer Tabelle im Heft fest.

4. Stellt eure Erfindung mit ihren Vor- und Nachteilen der ganzen Klasse vor.

Entdecke deinen Astralkörper!

Lucy möchte für die Reise nach Thailand Pauls Astralkörper benutzen. Sie erklärt, dass dieser eine Art Energiespeicher und nicht stofflich sei. Darin seien alle Erfahrungen und Gefühle eines Menschen wie in einer Batterie gespeichert. (S. 80/81)

1. Wie stellst du dir deinen Astralkörper vor? Welche Erfahrungen und Gefühle prägen ihn? Welche Farben und Muster könnte er haben? Zeichne und ergänze dein Bild gegebenenfalls durch Erklärungen.

Lucy erklärt Paul, dass der Astralkörper weich ist und es deshalb wichtig sei, etwas Hartes auf der Zunge zu haben, um in die andere Welt zu kommen. (S. 84)

2. Was stimmt? Kreuze die richtigen Aussagen an.

- ☐ Bereits die Ägypter haben ihren Toten vor dreitausend Jahren eine Münze auf die Zunge gelegt.
- ☐ Bereits die Griechen haben ihren Toten vor über zweitausend Jahren eine Münze auf die Zunge gelegt.
- ☐ Die Münze diente dazu, den Fährmann zu bezahlen, um heil ins Totenreich zu gelangen.
- ☐ Die Münze diente dazu, den Höllenhund zu bestechen, damit dieser einem den Eintritt in die Unterwelt gewährte.

Eine Beerdigung in Thailand

1. Lies noch einmal die Beerdigungsszene im 7. Kapitel. Beantworte dann die folgenden Fragen in ein bis drei Sätzen.

a) Wie sieht das Gebäude aus, vor dem Lucy und Paul landen, und worum handelt es sich dabei?

b) Was hört Paul und was bedeutet das?

c) Die Szene wirkt auf Paul wie ein Sommerfest. Warum?

Im 3. Kapitel erinnert sich Paul an die Beerdigung seines Großvaters.

2. Wie wird diese beschrieben? Lies auf Seite 41 nach und notiere Stichpunkte.

3. Tauscht euch über die beiden Beerdigungen im Buch aus. Welche spricht euch mehr an? Wie stellt ihr euch eine schöne und passende Abschiedszeremonie vor? Bezieht gegebenenfalls eigene Erfahrungen ein.

8. und 9. Kapitel: Glück im Leben, Pech im Spiel

Inhalt

8. Mehr Salz

Beim Familienfrühstück am Samstagmorgen bekommt Paul von seinem Vater den Rat, sich später einen Job zu suchen, mit dem man gutes Geld verdient und sorgenfrei lebt. Paul gibt zurück, dass man trotz Reichtum Sorgen haben kann, wenn man zum Beispiel schwer krank wird und sterben muss. Pauls Eltern sind irritiert, weil ihr Sohn vom Tod redet.

Während des Frühstücks bricht Paul zum Segeltraining auf. Im Garten trifft er Lucy, die Trampolin springt. Sie erzählt Paul, dass sie Herrn Ledermann anhand von Filmen einen Blick in seine mögliche unglückliche Zukunft gegeben habe. Ihrer Ansicht nach brauchen manche Menschen eine Warnung, damit sie ihr Leben ändern, wenn es in falschen Bahnen verläuft. Lucy bettelt Paul an, zur Segelschule mitkommen zu dürfen. Doch er lehnt dies ab.

9. Die Segelschule des Lebens

Gegen Pauls Willen nimmt Lucy am Segelkurs teil und stellt sich als seine Cousine vor. Sie interessiert sich für den Zauberwürfel, mit dem Paul während des Unterrichts spielt. Er schlägt Lucy vor, die Farben neu zu mischen. Als sie Paul den Zauberwürfel zurückgibt, lässt sich dieser nicht mehr lösen. Nach der Theorieeinheit übt die Gruppe verschiedene Segelmanöver auf einer Jolle im Hafenbecken. Auf dem Rückweg zum Klubhaus rutscht Paul, der mit seinem Zauberwürfel beschäftigt ist, auf dem Steg aus. Er fällt ins Wasser, wird zwischen zwei Booten eingeklemmt und ertrinkt beinahe. Lucy zieht ihn heraus. Nun stellt sich heraus, dass sie die Anzahl der Farbfelder auf dem Würfel verändert hat. Die beiden geraten in einen kleinen Streit und Lucy verschwindet.

Beim Fußballspiel gegen den FC Tasmania erscheint die Tod wieder. Pauls Mannschaft verliert das Spiel. Anton teilt Paul mit, dass er bei der morgigen Wahl des Kapitäns antreten wird. Auf dem Heimweg wirft Paul Lucy vor, nicht zugunsten seiner Mannschaft in das Spiel eingegriffen zu haben. Lucy sieht einen ermogelten Sieg kritisch. Im weiteren Verlauf des Gesprächs erwähnt Paul die Ungerechtigkeit, dass nicht alle Menschen die gleiche Lebenszeit zur Verfügung haben. Lucy erwidert, auf der Erde gebe es keine Gerechtigkeit in diesem Sinne. Zurück im Falkenweg bemerkt Paul, dass der SUV des Nachbarn zu verkaufen ist. Er beschließt, Herrn Ledermann, der sich in der gleichen Situation befindet wie er selbst, zu besuchen.

Im Jenseits kommt es erneut zu einer Konfrontation zwischen Lucy und Cerberus. Dieser verdächtigt seine Untergebene, etwas an dem *Atlas* manipuliert zu haben, und bezeichnet Paul verächtlich als *Jedermännchen*.

Unterrichtsschwerpunkte

- Redewendungen zum Thema „Tod“
- Lucys Filme von der Zukunft
- einen Erlebnisbericht schreiben: Pauls Unfall im Hafen
- Collage: Freude am Teamsport

Zu den Kopiervorlagen

KV Seite 37

Tod und Hölle in der Sprache

Beim Lesen der Lektüre stoßen die Schüler immer wieder auf Ausdrücke und Redewendungen, die den Tod bildhaft aufgreifen. Einige davon sind hier abgedruckt. Die Kinder tauschen sich über deren Bedeutung aus und finden weitere Redewendungen mit Wörtern wie „Tod“, „Hölle“ und „Teufel“. So machen sie sich bewusst, wie oft wir in der Alltagssprache metaphorische Ausdrücke verwenden.

Lösung

Aufgabe 1:

Lucy muss in ihrem Job manchmal ein bisschen Zeit totschlagen. Bedeutung: Zeit auf untätige, wenig produktive Weise verbringen, z. B. während man auf etwas wartet.

Paul jagt Lucy einen Höllenschrecken ein. Bedeutung: sehr großer Schreck.

Lucy verspricht Paul: „Daran wirst du nicht sterben.“ Bedeutung: Das ist nicht so schlimm.

Herr Jedermann stellt fest: Seine Tochter sieht aus wie der leibhaftige Tod. Bedeutung: sehr blass und krank aussehen. (In der Lektüre: Anspielung auf Laurentias Aufmachung als Grufti.)

Cerberus macht Lucy die Hölle heiß. Bedeutung: großen Druck auf jemanden ausüben.

Paul ist todtraurig, weil seine Mannschaft verloren hat. Bedeutung: sehr traurig.

Aufgabe 2:

Häufig werden die Wörter „Tod“, „Hölle“ und „Teufel“ zur emotionalen Verstärkung eingesetzt, z. B. sich zu Tode langweilen/arbeiten, todmüde sein, Höllenqualen leiden, höllisch aufpassen, teuflisch wehtun.

Sprichwörter: „Umsonst ist nur der Tod, und der kostet das Leben.“ Bedeutung: Nichts ist kostenlos. – „Der Weg zur Hölle ist mit guten Vorsätzen gepflastert.“ Bedeutung: Pläne und Ziele werden oft trotz bester Absichten nicht verwirklicht.

Der personifizierte Tod in Redewendungen: z. B. weder Tod noch Teufel fürchten, dem Tod ins Auge sehen, dem Tod von der Schippe springen.

KV Seite 38

Filme von der Zukunft

Auf diesem Arbeitsblatt beschäftigen sich die Schüler mit den Filmen, die Lucy Herrn Ledermann gezeigt hat. Sie stellen Vermutungen über deren Inhalt an und überlegen, was Herr Ledermann tun sollte, um deren Verwirklichung zu verhindern. Indirekt führen sie sich so vor Augen, welche Auswirkungen das eigene Handeln auf die Zukunft haben kann.

Lösung

Aufgabe 1:

z. B. Herr Ledermann ist zwar reich, aber völlig allein.
Herr Ledermann begegnet Pauls Familie, die obdachlos ist, weil ihnen die Wohnung gekündigt wurde.
Ein Baum klagt Herrn Ledermann an, wegen der Umweltverschmutzung durch seine Fahrzeuge gestorben zu sein.

Aufgabe 2:

z. B. Lucy meint damit, dass wir durch unser Verhalten etwas Positives zur Gesellschaft beitragen sollten.
Herrn Ledermanns Hausaufgaben könnten darin bestehen, weniger profitorientiert zu sein, auf Wohnungskündigungen zu verzichten sowie sich umweltfreundlicher zu verhalten.

KV Seite 39

Abenteuer im Hafen

Hier trainieren die Schüler das Schreiben eines Erlebnisberichts. Sie versetzen sich in Paul hinein und vollziehen dessen Gefühle und Gedanken bei seinem Unfall im Hafenbecken nach.

Lösung

Einleitung (informiert knapp, worum es geht):

Wo ist Paul?	im Jachthafen
Wann ist er dort?	am Samstagmorgen während seines Segelkurses
Mit wem ist er dort?	mit den Kursteilnehmern, dem Segellehrer Tim und Lucy
Was führt zu dem Unfall?	Paul ist so mit seinem Zauberwürfel beschäftigt, dass er auf dem nassen Steg ausrutscht.

Hauptteil (beschreibt genauer, worum es geht):

Wie ergeht es Paul unter Wasser? Wie wird er gerettet?	Wasser läuft in Nase, Ohren und Mund; Versuch, an die Oberfläche zu schwimmen; Problem: Paul ist zwischen zwei Booten eingeklemmt; Gedanke an Tod; letzte Luftblasen steigen auf; Hand packt Paul und zieht ihn hoch; Paul hustet Wasser aus der Lunge

Schluss (nennt die Ergebnisse):

Was denkt und fühlt Paul nach dem Erlebnis?	ungläubig, dass ausgerechnet Lucy ihn rettet

z. B. Dem Tod entronnen
Am Samstagmorgen übten wir mit dem Segelkurs im Jachthafen. Als Tim und die anderen schon wieder im Klubhaus waren, trödelte ich noch hinterher. Ich war so auf den Zauberwürfel in meiner Hand konzentriert, dass ich auf dem Steg ausrutschte und ins Hafenbecken fiel. Plötzlich schlug das Wasser über meinem Kopf zusammen. Es lief in meine Nase, meine Ohren und meinen Mund. Ich rang um Atem und versuchte, an die Oberfläche zu schwimmen. Aber ich war zwischen zwei Booten eingeklemmt und konnte mich nicht befreien. Ich dachte, dass ich nun doch sterben würde. Wie in Zeitlupe sah ich meine letzten Luftblasen nach oben trudeln. Gerade noch rechtzeitig packte mich eine Hand und zog mich hoch. Ich hustete das Wasser aus meiner Lunge.
Ungläubig starrte ich Lucy an. Ich konnte nicht fassen, dass ausgerechnet sie mich vor dem Ertrinken bewahrt hatte. Sie, die mir verkündet hatte, dass ich möglicherweise bald sterben würde!

KV Seite 40

Mehr als gewinnen?

Im 9. Kapitel verliert Pauls Mannschaft das Spiel gegen den FC Tasmania. Auf dem Heimweg fragt Lucy den enttäuschten Paul, ob ihm Fußball keine Freude bereite, wenn er verliert. Die Bilder auf dieser Kopiervorlage bieten Impulse für die Schüler, sich in Kleingruppen oder im Plenum darüber auszutauschen, was neben „Gewinnen" den Reiz von Fußball bzw. Teamsport im Allgemeinen ausmacht. Die Kinder notieren Stichpunkte und erweitern die Collage ggf. durch eigene Ideen. Abschließend halten sie die Gesprächsergebnisse in einem kurzen Text fest und beziehen dabei auch persönliche Erfahrungen ein.

Lösung

Aufgabe 1:

z. B. Fußball bzw. Teamsport bereitet Freude durch das Gefühl von Gemeinschaft und Zusammenhalt, den Spaß an der Bewegung und den Erwerb neuer Fähigkeiten, einen respektvollen Umgang miteinander („Fair Play"), das Anfeuern und den Jubel der Zuschauer. „Gewinnen" und „Verlieren" sind untergeordnete Aspekte: Gewinnen verspricht Belohnung, Stolz, Freude, Motivation; Verlieren lehrt Demut, Frustbewältigung, Durchhaltevermögen, Möglichkeit zur Weiterentwicklung.

Gesprächs- und Schreibanlässe

Traumjob und Realität

Herr Jedermann rät seinem Sohn, sich einen Job zu suchen, bei dem man gutes Geld verdient. Was spielt für dich eine größere Rolle bei der Berufswahl: deine Leidenschaft oder finanzielle Sicherheit? Lässt sich beides verbinden? Wie? Welche Kompromisse wärst du bereit einzugehen, um eine Balance zwischen deinen Wünschen und der Wirklichkeit zu finden? Schreibe einen kurzen Aufsatz darüber.

Missverständnisse

Lucy hat Pauls Vorschlag, die Farben auf dem Zauberwürfel neu zu kombinieren, missverstanden: Sie hat die Anzahl der Felder in einer bestimmten Farbe geändert. Nehmen Sie Bezug auf die Szene und sprechen Sie mit der Klasse über ihre Erfahrungen mit Missverständnissen. Die Schüler können ihre persönlichen kommunikativen „Pannen" teilen, überlegen, wie diese entstehen, und gemeinsam über bewährte Praktiken für eine klare Kommunikation nachdenken.

Gerechtigkeit im Fokus

Lesen Sie mit der Klasse noch einmal Pauls und Lucys Unterhaltung über Gerechtigkeit im 9. Kapitel. Diskutieren Sie anschließend darüber. Fragen Sie die Schüler zum Einstieg nach ihrer persönlichen Definition von Gerechtigkeit. Als Gesprächsimpulse können z. B. folgende Fragen dienen: Was unternehmt ihr, wenn ihr euch ungerecht behandelt fühlt? Wäre es gerecht, wenn jeder Mensch gleich viel hätte/gleich lang leben würde? Warum ist es manchmal schwer, zu jedem gerecht zu sein? Was könnt ihr selbst für Gerechtigkeit tun?

Kreativ aktiv

Zauberwürfel-Challenge

Stelle deine Geschicklichkeit und Schnelligkeit unter Beweis! Alles, was du dazu brauchst, ist ein Zauberwürfel. Ihr könnt auch gegeneinander antreten, indem ihr die Zeit stoppt.

1. Einseitiges Meisterwerk: Drehe einen Zauberwürfel so, dass eine Seite komplett einfarbig ist.
2. Doppelter Farbgenuss: Beweise deine Fähigkeiten, indem du den Zauberwürfel so drehst, dass zwei gegenüberliegende Seiten jeweils eine Farbe haben.
3. Quadratur des Kreises: Schaffst du es, dass drei einfarbige Seiten entstehen?
4. Meisterklasse: Demonstriere höchste Fähigkeiten, indem du einen Zauberwürfel so drehst, dass alle sechs Seiten einheitlich sind.

Kommunikations-Puzzle

Material: selbst erstellte Tangram- oder Puzzleteile (Gesamtgröße ca. 1 qm), Augenbinden, Trennwand

Teilnehmer: drei bis zehn

Vorbereitung: Die Teilnehmer werden in drei Gruppen geteilt, und zwar die Planenden, die Kontrollierenden und die Arbeitenden. Die Trennwand wird in der Mitte aufgestellt. Die Puzzleteile kommen vermischt auf eine Seite (auf einen Tisch oder den Boden).

Durchführung: Das Planungsteam befindet sich auf der Seite der Wand, auf der keine Puzzleteile liegen. Es hat keinen Sichtkontakt zu den anderen beiden Teams. Die Planenden erklären nun laut, wie das Puzzle zusammenzubauen ist. Die Arbeitenden sitzen mit verbundenen Augen vor den Puzzleteilen und legen sie aneinander. Die Kontrollierenden prüfen, ob die Anweisungen richtig umgesetzt werden. Sie dürfen die Teile aber nicht selbst bewegen, sondern den Arbeitenden nur mündlich Hilfestellung geben.

Ziel des Kommunikations-Puzzles ist es, alle Teilnehmer dazu anzuregen, sich möglichst genau auszudrücken sowie aktiv zuzuhören.

Tod und Hölle in der Sprache

In der Lektüre kommen viele Redewendungen und Ausdrücke vor, die den Tod bildhaft aufgreifen.

1. **Unterstreiche die entsprechenden Ausdrücke in den Sätzen. Was bedeuten sie? Sprich mit einem Partner.**

2. **Kennst du weitere Redewendungen und Ausdrücke, die „Tod", „Hölle" oder „Teufel" enthalten? Zu welchem Zweck werden diese Wörter häufig eingesetzt? Schreibe auf und tauscht euch darüber aus.**

____

____

____

Filme von der Zukunft

Im 8. Kapitel erzählt Lucy, dass sie Herrn Ledermann Filme über sein späteres Leben gezeigt hat.

1. Paul überlegt, was der Inhalt der Filme gewesen sein könnte. Schreibe oder male seine Vorstellungen in die Gedankenblasen.

Lucy sagt: „Auf der Erde zu sein bedeutet, seine Hausaufgaben zu machen. Manche brauchen da hin und wieder eine kleine Erinnerung.“ (S. 97)

2. Was meint Lucy mit „Hausaufgaben machen“? Worin könnten die Hausaufgaben von Herrn Ledermann bestehen? Erkläre.

Abenteuer im Hafen

Das war's dann wohl, denkt Paul, als er in das Hafenbecken fällt.

Verfasse einen Erlebnisbericht aus Pauls Sicht. Schreibe in der Ich-Perspektive.

1. Beantworte die W-Fragen in den Tabellen stichwortartig anhand des 9. Kapitels.
2. Formuliere aus deinen Stichworten ganze Sätze für die Einleitung, den Hauptteil und den Schluss auf einem Blatt. Den Hauptteil kannst du z. B. so beginnen: Plötzlich schlug das Wasser über meinem Kopf zusammen.
3. Schreibe den vollständigen Bericht im Präteritum in dein Heft.
4. Formuliere eine passende Überschrift für deinen Bericht.

Einleitung (informiert knapp, worum es geht):

Wo ist Paul?	
Wann ist er dort?	
Mit wem ist er dort?	
Was führt zu dem Unfall?	

Hauptteil (beschreibt genauer, worum es geht):

Wie ergeht es Paul unter Wasser? Wie wird er gerettet?	

Schluss (nennt die Ergebnisse):

Was denkt und fühlt Paul nach dem Erlebnis?	

Mehr als gewinnen?

Nach der Niederlage gegen den FC Tasmania ist Paul frustriert. Lucy fragt, ob ihm Fußball keine Freude mache, wenn er verliert. (S. 110)

1. **Betrachtet die Bilder. Sprecht anschließend darüber, warum ein Teamsport wie Fußball Freude bereitet und welche Rolle dabei das Gewinnen oder Verlieren spielt. Haltet die Ergebnisse in Stichpunkten fest. Erweitert die Collage durch eure eigenen Ideen.**

Spielfreude

Zusammenhalt

Lernen

Fair Play

Jubel

2. **Verfasse auf der Grundlage eurer Ergebnisse einen kurzen Text. Gehe darin auch auf deine persönlichen Erfahrungen ein. Schreibe in dein Heft.**

10. bis 12. Kapitel: Cerberus wird ausgetrickst

Inhalt

10. Diät-Cola und eine fette Überraschung
Als Paul an der Tür der Ledermanns klingelt, öffnet ihm niemand. Er geht um das Haus herum und beobachtet Anton durch ein Fenster. Paul schickt ihm eine Nachricht. Auf der Terrasse trifft er schließlich Herrn Ledermann. Bevor Paul etwas sagen kann, entschuldigt sich der Vermieter für die Wohnungskündigung und nimmt diese schriftlich zurück. Außerdem teilt er Paul mit, er habe erkannt, dass er sein Leben ändern muss. Wichtig sei nicht materieller Besitz, sondern ein freundlicher Umgang mit den Mitmenschen und Wertschätzung für die Natur.

Beim Verlassen des Hauses trifft Paul auf den ankommenden Jonas. Auf dessen Nachfrage, was er hier mache, erzählt Paul von der Kündigung. Jonas erwidert, dass Anton sich gegen die Entscheidung seines Vaters ausgesprochen habe, ihn aber nicht davon habe abbringen können. Paul ist von Antons Verhalten überrascht. Zu Hause überreicht er seinem Vater den Stapel mit der Post. Als der den Brief des Vermieters öffnet, sind beide Eltern über die Rücknahme der Kündigung erleichtert. Herr Ledermanns Veränderung kommt für sie einem Wunder gleich.

11. Der Sinn des Lebens und Pistazieneis
Am Sonntagvormittag will sich Paul ein Eis kaufen. In der Warteschlange vor der Eisdiele seiner Tante gesellt sich Lucy zu ihm. Da die Tod gern Pistazieneis probieren würde, kauft Paul auch für sie eine Waffel. Die beiden stoßen auf Jonas, der sich fragt, warum Paul Selbstgespräche führt. Nach der Begegnung rät Lucy Paul, die Situation mit Jonas zu klären.

Auf dem Weg zum Mannschaftstreffen holt Paul seinen besten Kumpel mit dem Fahrrad ein. Jonas stellt klar: Sein Kontakt mit Anton tut der Freundschaft mit Paul keinen Abbruch. Er wünscht sich, dass auch Paul und Anton, die beiden Topkicker der Mannschaft, besser miteinander auskommen. Die zwei Freunde treffen gleichzeitig mit Anton auf dem Trainingsgelände ein. Im Gespräch zwischen Paul und Anton wird deutlich, was der Inhalt der Nachricht war, die Paul dem Nachbarsjungen gestern geschickt hat: Er verzichtet darauf, sich wieder als Kapitän zur Wahl zu stellen. Außerdem bedankt sich Paul bei Anton für seinen Einsatz wegen der Wohnungskündigung und erzählt, dass dessen Vater diese zurückgenommen habe.

Am Nachmittag besucht Paul das Grab seines Großvaters. Auf dem Friedhof trifft er auf Cerberus. Der gibt vor, Lucy habe schon ein Geständnis über die verpatzte Abholung abgelegt und er müsse jetzt nur noch Pauls Aussage zu Protokoll nehmen. Paul ahnt, dass der Hund blufft. Er will seiner Begleiterin helfen und verlangt von Lucys Vorgesetztem, einen Abholzettel vorzuzeigen. Cerberus empört sich darüber und ruft Lucy herbei.

12. Eine schauspielerische Glanzleistung
Um seine Begleiterin zu schützen, simuliert Paul panische Angst vor ihr. Das weckt Cerberus' Anerkennung für Lucy und eine Freundschaft zwischen ihr und dem *Jedermännchen* erscheint ihm nun unwahrscheinlich. Lucy berichtet, dass auf dem *Großen Atlas* inzwischen kein Lämpchen mehr für Paul leuchte. Cerberus ist außer sich, da sich die HÖCHSTE WESENHEIT noch nie umentschieden habe. Er verschwindet, um den Vorgang zu überprüfen.

Nachdem sich Lucy bei Paul für seine Hilfe bedankt hat, erzählt der Junge, dass er bereits mehrfach knapp dem Tod entronnen sei. Lucy weiß nicht nur von den Ereignissen, sondern hat immer wieder aktiv dazu beigetragen, Paul das Leben zu retten. Sie klärt ihn darüber auf, dass sie ihn schon seit seiner Geburt begleite und beschütze. Deshalb sei sie mit Pauls frühem Tod nicht einverstanden gewesen. Paul möchte wissen, wie es ihr gelungen sei, die Meinung der HÖCHSTEN WESENHEIT zu ändern. Da weist sie ihn auf einen „alten Kommunikationstrick" der Menschen hin: Beten.

Unterrichtsschwerpunkte

- die Veränderung von Herrn Ledermann
- Figurenbeziehungen: Paul, Jonas und Anton
- ethische Fragestellung: Wann ist Mogeln erlaubt?

Zu den Kopiervorlagen

KV Seite 44

Paul und Herr Ledermann
Pauls Besuch bei Herrn Ledermann im 10. Kapitel stellt einen Wendepunkt in der Lektüre dar: Der Vermieter und Nachbar der Jedermanns hat sich durch Lucys Besuch völlig verändert. Seine Wandlung führen sich die Schüler auf diesem Arbeitsblatt vor Augen. Herrn Ledermanns Aussage darüber, was das Wichtigste im Leben ist, bietet einen Impuls für ein spannendes Klassengespräch.

Lösung
Aufgabe 1:
z. B. „Hallo, Herr Ledermann, Sie wundern sich sicher über meinen Besuch. Aber die Tod war ja auch bei Ihnen. Ich muss dringend mit jemandem darüber reden und dachte, dass es Ihnen vielleicht genauso geht."

Aufgabe 2:
Herr Ledermann entschuldigt sich bei Paul für die Wohnungskündigung und nimmt diese zurück. Danach erklärt er, der früher immer am lautesten auf der Tribüne gebrüllt hat, dass es nicht so entscheidend sei, ob man gewinnt oder verliert. Das Wichtigste im Leben seien ein freundlicher Umgang mit den Menschen und Wertschätzung für die Natur.

KV Seite 45

Paul, Jonas und Anton
Indem die Schüler verschiedene Zitate aus der Lektüre dem passenden Jungen zuordnen und sie in die richtige Reihenfolge bringen, beweisen sie nicht nur ihr Textverständnis, sondern untersuchen auch die Beziehungen zwischen Paul, Jonas und Anton. Abschließend vollziehen sie einen Perspektivwechsel und schreiben einen inneren Monolog aus der Sicht von Jonas oder Anton.

Lösung
Aufgabe 1:
4. Paul: Was hat sein Kumpel eigentlich immer mit Anton? (10. Kapitel)
3. Paul: Früher war es immer eine Sache zwischen ihm und Jonas gewesen, sich warm zu schießen. Nun hat der sich anscheinend für Anton als Partner entschieden. (9. Kapitel)
5. Jonas: „Er fand die Aktion total unfair. Aber er hat seinen Vater nicht überreden können, die Sache wieder rückgängig zu machen.“ (10. Kapitel)
9. Paul: „Du bist wahrscheinlich der bessere Kapitän. Und die Mannschaft kann im Moment keinen Machtkampf gebrauchen.“ (11. Kapitel)
6. Paul: Anscheinend gab es verschiedene Antons: den arroganten Nachbarsjungen, den er bisher kannte, aber auch den neuen Freund von Jonas, der bereit war zu helfen, wenn andere in Schwierigkeiten steckten. (10. Kapitel)
8. Anton: „Wegen deiner Nachricht gestern. Hast du dir das gut überlegt? Willst du wirklich nicht zur Wahl antreten?“ (11. Kapitel)
2. Paul: „Und mein Freund Jonas … der ist irgendwie so komisch in letzter Zeit.“ (7. Kapitel)
1. Paul: „Jonas ist echt mein allerbester Freund. Es wäre total schlimm, wenn er nicht mehr in meiner Klasse wäre.“ (5. Kapitel)
7. Jonas: „Übrigens, ich hab zwar zuletzt öfter mit Anton abgehangen, aber das heißt nicht, dass wir zwei keine besten Kumpel mehr sind. Anton ist kein schlechter Kerl! Und ich dachte einfach, ich könnte es schaffen, dass ihr eure Feindschaft begrabt. Vielleicht spielen wir mit Union besseren Fußball, wenn unsere beiden Topkicker sich gut verstehen und keinen Wettkampf gegeneinander austragen. Ach so, wegen der Wahl zum Kapitän heute: Ich enthalte mich.“ (11. Kapitel)

Aufgabe 2:
z. B. Jonas: Paul scheint in letzter Zeit ziemlich gestresst zu sein. Er hat aber auch echt viel um die Ohren: die Nebenjobs, wenig Geld zu Hause … und dann hat er wie ich Schiss, dass ich sitzen bleibe. Das wäre für uns beide furchtbar und ich bin froh über seine Hilfe. Er ist wirklich mein bester Freund. Allerdings kann ich nicht verstehen, warum er Anton so wenig mag. Der ist total in Ordnung. Ist doch nicht seine Schuld, dass sein Vater ein blöder Kerl ist! Vielleicht kann ich die zwei zusammenbringen. Das wäre auch für die Mannschaft gut. Sie sind schließlich unsere besten Kicker.

KV Seite 46

Mogeln erlaubt?
Im Verlauf der Lektüre kommen immer wieder kleine Schummeleien vor. Am Ende retten sie Paul das Leben. Die Schüler kennen Notlügen aus ihrem Alltag. Zunächst setzen sie sich mit den Mogeleien von Paul und Lucy auseinander, indem sie diese passend zuordnen, die Motive dafür ergründen und eine eigene Einschätzung abgeben. Zwei Aussagen von Lucy regen sie abschließend zu einer Diskussion darüber an, unter welchen Umständen Mogeln erlaubt ist.

Lösung
Aufgabe 1:
Paul: Schummeln beim Physiktest, Fälschen der Stundenabrechnung fürs Hundesitting
Lucy: Belügen eines Vorgesetzten, Erfinden von Filmen über die Zukunft, Unkenntlichmachen einer Adresse, Fälschen einer Hausnummer

Aufgabe 2:
z. B. Schummeln beim Physiktest: 5. Kapitel, S. 55/56
Paul hat sich Formeln auf die Hand geschrieben, um Jonas zu helfen, den Physiktest zu bestehen. Er möchte verhindern, dass sein Freund die Klasse wiederholen muss.

Gesprächs- und Schreibanlässe

„Du glaubst nicht, was mir passiert ist, Jonas!"
Stellt euch vor, Paul erzählt seinem besten Freund die ganze Geschichte mit Lucy. Schreibt zu zweit ein Gespräch zwischen den beiden: Paul schildert die Ereignisse und Jonas fragt nach. Tragt euren Dialog in der Klasse vor.

Pauls Tagebucheintrag
Verfasse einen Tagebucheintrag aus Pauls Sicht, nachdem feststeht, dass er nicht sterben wird. Schildere kurz, was zuvor geschehen ist, und beschreibe seine Gedanken und Gefühle, Ängste und Hoffnungen.

Beten
Leiten Sie eine Gesprächsrunde zum Thema „Beten" ein. Erklären Sie kurz, dass Beten für viele Menschen eine Möglichkeit ist, mit etwas Größerem in Verbindung zu treten. Stellen Sie offene Fragen, um die Diskussion zu fördern, zum Beispiel: Was denkt ihr, wenn ihr das Wort „Beten" hört? Ermutigen Sie die Schüler, persönliche Erfahrungen zu teilen, und betonen Sie die Bedeutung respektvollen Zuhörens.

Kreativ aktiv

Cerberus, Lucy und Paul: Ein Standbild
Stellt den Showdown zwischen Cerberus auf der einen und Lucy und Paul auf der anderen Seite als Standbild dar: Die Figuren zeigen dabei ihre Gedanken und Gefühle durch Mimik, Gestik und Körperhaltung. Sie sind „eingefroren", also unbeweglich.

Bildet nach der Lektüre der Szene im 12. Kapitel zunächst Vierergruppen. Wählt einen Baumeister, der das Standbild nach Absprache und Einigung aller Mitglieder errichtet. Drei Teilnehmer schlüpfen in die Rollen der Figuren. Der Baumeister geht seiner Aufgabe schweigend nach. Jede Gruppe präsentiert ihr Standbild der ganzen Klasse. Abschließend wird die Wirkung des Standbilds diskutiert.

Schutzengel-Projekttag
Organisiert einen Projekttag, bei dem ihr selbst zu „Schutzengeln" werdet. Ziel ist es, positive Veränderungen zu bewirken und Menschen in Not zu unterstützen. Ihr könnt zum Beispiel als „Engel der Nahrung" Lebensmittel an eine *Tafel* spenden oder als „Engel im Kleiderschrank" abgelegte, aber gut erhaltene und saubere Kleidungsstücke sammeln.

Schutzengel-Spiel
Entwerft ein Brettspiel, das die Erfahrung von Glück und Unglück mit der Idee der Schutzengel verbindet. Auf dem Spielbrett können z. B. verschiedene Lebensabschnitte bildlich dargestellt sein, es gibt „Ereignis-" und „Schutzengel-Felder" und entsprechende Karten dazu.

Mögliche Spielregeln: Die Teilnehmer würfeln und bewegen ihre Figur gemäß der gewürfelten Augenzahl über das Brett. Wenn sie auf ein „Ereignisfeld" kommen, ziehen sie eine Ereigniskarte, die ein positives oder ein negatives Erlebnis, Glück oder Pech, bedeutet. Auf „Schutzengel-Feldern" erhalten die Spieler einen Bonus, den sie bei einem Unglück einsetzen können.

Gebetslabyrinth
Im Gegensatz zu einem Irrgarten gibt es beim Gebetslabyrinth nur einen Pfad, der zum Zentrum führt, es existieren also keine Sackgassen. Diese Form wird oft für Gebet oder Meditation genutzt. Recherchiert Beispiele von Gebetslabyrinthen, um eine Vorstellung zu entwickeln, wie sie aussehen können. Gestaltet ein eigenes Labyrinth mit Buntstiften, Filzstiften, Wasserfarben oder anderen kreativen Materialien. Fügt Symbole oder Muster hinzu, die euch ansprechen. Wenn ihr möchtet, präsentiert eure Labyrinthe in der Klasse.

„Ist das Leben nicht schön?"
Schauen Sie mit den Schülern den Filmklassiker „Ist das Leben nicht schön?" (FSK 6) aus dem Jahr 1946. Der Film erzählt die Geschichte des allseits beliebten George Bailey, der in der Weihnachtsnacht seine Zuversicht verliert und sich von einer Brücke stürzen will. Der Schutzengel-Neuling Clarence rettet ihn und zeigt ihm, wie seine Heimatstadt aussehen würde, wenn er nie geboren worden wäre. Der Film macht deutlich, welchen Einfluss die Entscheidungen einer Person auf ihr Umfeld haben, und vermittelt wichtige Botschaften über Menschlichkeit, Nächstenliebe, Gemeinschaft und den Wert eines jeden Lebens.

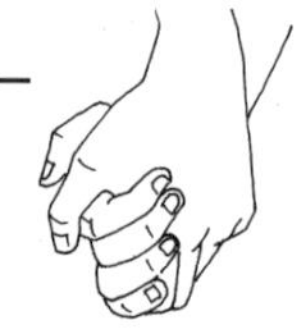

Paul und Herr Ledermann

Paul klingelt an Herrn Ledermanns Tür. Aber was soll er sagen, wenn der Nachbar öffnet?

1. Hilf Paul. Formuliere zwei bis drei einleitende Sätze für ihn.

Als Paul seinen Nachbarn auf der Terrasse antrifft, erkennt er ihn nicht wieder.

2. Was überrascht Paul? Lies im 10. Kapitel nach. Beschreibe das Verhalten von Herrn Ledermann in eigenen Worten.

3. Lies die folgende Aussage von Herrn Ledermann. Wie denkst du darüber? Diskutiert und haltet eure Ergebnisse fest, zum Beispiel in Form einer Mindmap.

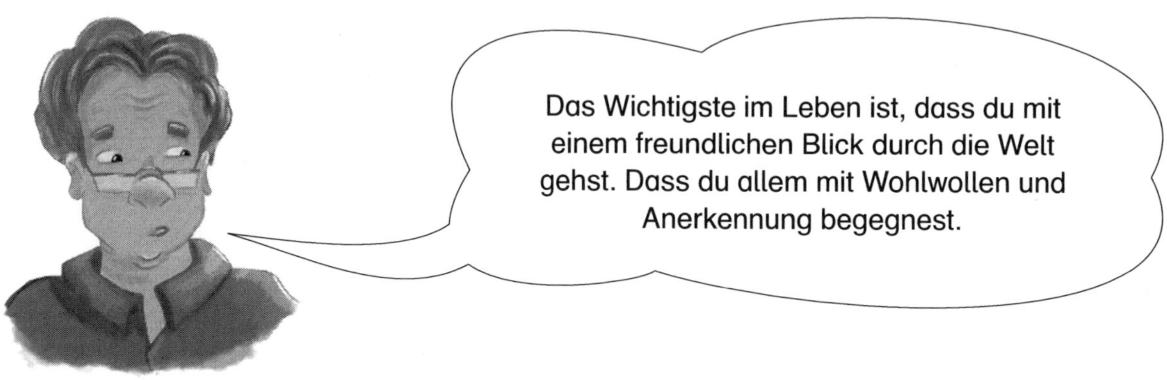

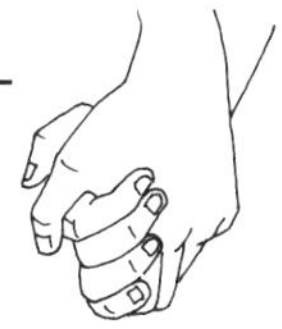

Paul, Jonas und Anton

1. Lies die Zitate. Wer denkt oder sagt was? Unterstreiche: Paul = blau, Jonas = grün, Anton = rot. Nummeriere die Aussagen dann in der richtigen Reihenfolge.

☐ Was hat sein Kumpel eigentlich immer mit Anton?

☐ Früher war es immer eine Sache zwischen ihm und Jonas gewesen, sich warm zu schießen. Nun hat der sich anscheinend für Anton als Partner entschieden.

☐ „Er fand die Aktion total unfair. Aber er hat seinen Vater nicht überreden können, die Sache wieder rückgängig zu machen."

☐ „Du bist wahrscheinlich der bessere Kapitän. Und die Mannschaft kann im Moment keinen Machtkampf gebrauchen."

☐ Anscheinend gab es verschiedene Antons: den arroganten Nachbarsjungen, den er bisher kannte, aber auch den neuen Freund von Jonas, der bereit war zu helfen, wenn andere in Schwierigkeiten steckten.

☐ „Wegen deiner Nachricht gestern. Hast du dir das gut überlegt? Willst du wirklich nicht zur Wahl antreten?"

☐ „Und mein Freund Jonas … der ist irgendwie so komisch in letzter Zeit."

☐ „Jonas ist echt mein allerbester Freund. Es wäre total schlimm, wenn er nicht mehr in meiner Klasse wäre."

☐ „Übrigens, ich hab zwar zuletzt öfter mit Anton abgehangen, aber das heißt nicht, dass wir zwei keine besten Kumpel mehr sind. Anton ist kein schlechter Kerl! Und ich dachte einfach, ich könnte es schaffen, dass ihr eure Feindschaft begrabt. Vielleicht spielen wir mit Union besseren Fußball, wenn unsere beiden Topkicker sich gut verstehen und keinen Wettkampf gegeneinander austragen. Ach so, wegen der Wahl zum Kapitän heute: Ich enthalte mich."

Über Pauls Sicht erfährt man als Leser viel, aber wie stehen Jonas und Anton zu den Ereignissen?

2. Wähle einen der beiden Jungen aus und schreibe einen inneren Monolog aus seiner Perspektive in dein Heft.

Mogeln erlaubt?

Sowohl Paul als auch Lucy nehmen es manchmal mit der Wahrheit nicht so genau.

1. Ordne die Mogeleien zu, indem du sie mit der passenden Figur verbindest.

Schummeln beim Physiktest

Erfinden von Filmen über die Zukunft

Unkenntlichmachen einer Adresse

Fälschen der Stundenabrechnung fürs Hundesitting

Fälschen einer Hausnummer

Belügen eines Vorgesetzten

2. Wähle eine der Mogeleien aus und ordne sie kurz in den Textzusammenhang ein: Nenne Kapitel- und Seitenangabe und erläutere die Motive der Figur.

____

____

____

____

3. Welche der oben genannten Mogeleien findest du in Ordnung? Rahme sie grün ein. Welche findest du nicht in Ordnung? Markiere sie rot.

4. Unter welchen Umständen ist Mogeln erlaubt? Diskutiert darüber. Bezieht folgende Aussagen von Lucy ein.

Lüge ist so ein böses Wort, nennen wir es lieber: ein Trick.

Was heißt denn *mogeln?* Es dient schließlich einer guten Sache.

Nach der Lektüre

Unterrichtsschwerpunkte

- intertextueller Vergleich: das Theaterstück „Jedermann“ von Hugo von Hofmannsthal
- einen Epilog schreiben
- einen alternativen Untertitel finden

Zur Kopiervorlage

KV Seite 48

Jedermann und Jedermännchen

Der Haupttitel der Lektüre erinnert nicht zufällig an das Theaterstück „Jedermann“ von Hugo von Hofmannsthal, ein Werk der Weltliteratur. Hier wie dort erhält der Protagonist (Jedermann bzw. Paul Jedermann) Besuch vom personifizierten Tod und erfährt, dass er bald sterben muss. Beide Geschichten nehmen ein gutes Ende: Jedermann entgeht dem Teufel und Paul darf am Leben bleiben.

Auf der Figurenebene zeigen sich vor allem Parallelen zwischen Jedermann und Rufus Ledermann. Beide besitzen viel, aber geben wenig, beide werden im Verlauf der Handlung zur Umkehr bewegt. Das Arbeitsblatt bietet eine kurze Zusammenfassung des „Jedermann“ und macht die Schüler auf diese Weise mit dem klassischen Vorbild und damit einer weiteren Bedeutungsschicht der Lektüre vertraut.

Lösung

Aufgabe 2:

Ähnlichkeiten	Unterschiede
Jedermann und Paul erhalten Besuch vom Tod. Der Tod tritt als Person auf. Jedermann und Paul erkennen, was im Leben wichtig ist. Jedermann und Rufus Ledermann sind reich, aber selbstsüchtig. Jedermann und Rufus Ledermann werden zur Umkehr bewegt.	Jedermann ist erwachsen. / Paul ist ein Kind. Jedermann weiß von Anfang an, dass er sterben wird, erhält jedoch eine Stunde Aufschub. / Es ist unklar, ob Paul sterben muss. Die Entscheidung wird einige Tage aufgeschoben. In „Jedermann“ treten neben dem Tod auch Gott, der Teufel, das Geld, die guten Taten und der Glaube als Personen auf. Jedermann stirbt. / Paul stirbt nicht.

Gesprächs- und Schreibanlass

Zehn Jahre später

Stellt euch vor, dass zehn Jahre seit den Ereignissen in der Lektüre vergangen sind. Was ist in der Zwischenzeit passiert? Haben sich Lucy und Paul wiedergesehen? Ist Herr Ledermann tatsächlich ein anderer Mensch geworden oder ist er letztlich der Alte geblieben? Wie entwickelt sich die Freundschaft zwischen Paul, Jonas und Anton weiter? Diskutiert in Gruppen und schreibt einen Epilog. Tragt ihn in der Klasse vor und vergleicht eure Vorstellungen.

Kreativ aktiv

Ein alternativer Titel

Der Untertitel des Buches lautet „Besuch aus dem Jenseits“. Findet ihr ihn passend? Warum (nicht)? Denkt euch einen anderen Untertitel aus, der den Inhalt der Lektüre gut zum Ausdruck bringt.

Jedermann und Jedermännchen

i

1. Lies den Infotext aufmerksam.

Das Theaterstück „Jedermann" wurde von dem Autor Hugo von Hofmannsthal (1874–1929) geschrieben. Es erzählt die Geschichte eines reichen Mannes, der erfährt, dass er sterben muss. Jedermann handelt mit dem Tod eine Stunde Aufschub aus, damit er einen Freund bitten kann, mit ihm vor das göttliche Gericht zu treten. Doch die Menschen um ihn herum und sogar sein Geld, das wie der Tod, Gott und Teufel als Person erscheint, lassen ihn im Stich. Denn Jedermann führte ein selbstsüchtiges Leben und kümmerte sich hauptsächlich um die Vermehrung seines Reichtums. Schließlich kommen seine guten Werke in Gestalt einer schwachen alten Frau zu ihm. Sie und ihre Schwester, der Glaube, bewegen Jedermann zur Umkehr. Er erkennt, dass sein Leben besser verlaufen wäre, wenn er anderen mehr geholfen hätte. Jedermann wird daraufhin Gottes Barmherzigkeit zuteil und der Teufel kann ihn nicht mit in die Hölle nehmen.

2. Welche Ähnlichkeiten haben das Theaterstück „Jedermann" und der Roman „Jedermännchen"? Welche Unterschiede gibt es? Sprecht darüber und tragt mindestens vier Punkte in jede Spalte der Tabelle ein.

Ähnlichkeiten	Unterschiede